意見が飛び交う！
体験から学べる！

道徳あそび 101

三好真史 著

学陽書房

はじめに

「道徳科の授業って、どうつくればいいの?」
「道徳性は、どうやったら養えるの?」
「道徳科って、時間が余っちゃうんだけれど……」
学校現場からは、道徳科の授業づくりに悩みを感じる声が聞こえてきます。

　これまでの道徳科の授業では、「読み」を中心にして学習が進められてきました。
　「登場人物は、こういう気持ちだったと思います」と国語科のように教科書を読む。「今日は、どんな意見を言えばいいのだろうか」と子どもが教師の意図を読む。
　しかし、言葉を通じて理論が学べたとしても、それが実践的な力となるためには、経験による裏打ちが必要になります。特に道徳教育は、人間関係に関わる領域なので、経験を通してしか学ぶことのできない知識がたくさんあるものです。
　「読む授業」から脱却しなければなりません。
　そこで、これからの道徳科では「体験」と「話し合い」に重きが置かれるようになりました。体験を通じて感じ、道徳的な行為の価値に気付かせます。さらに、話し合うことによって、道徳的な学びを深めさせていくようにするのです。
　では、体験や話し合いなどの活動を、授業の中でどのようにして扱えばいいのでしょうか。
　それをまとめたのが本書です。
　「体験活動」「話し合い活動」「役割演技」を、「道徳あそび」として1冊にまとめました。
　教科書を用いた道徳科の授業の中に道徳あそびのエッセンスを加えてみましょう。
　道徳を体験する。道徳を話し合う。道徳を感じる。
　そんな新しい道徳科の授業を、子どもたちとともにつくり出してみようではありませんか。

contents

はじめに ……………………………………………………… 3

Introduction
道徳科の目標と授業づくり

「特別の教科　道徳」の目標 …………………………………… 10

徳目の大切さを気付かせたいときに！ ………………………… 12

考えを深めたいときに！ ………………………………………… 14

様々な価値にふれさせたいときに！ …………………………… 16

COLUMN 1　パペットの使用 ………………………… 18

Chapter 1
自分自身の心を見つめるあそび

善悪の判断・自律・ 自由と責任を学ぶ あそび	**1**	親友の万引き ……………………	20
	2	悪いお誘い ……………………	21
	3	上靴隠そうよ ……………………	22
	4	ひとりぼっち ……………………	23
	5	日直さん、あそぼ！ ……………	24
	6	バレなきゃいいよ ………………	25
正直・誠実を学ぶ あそび	**7**	かびんをガチャン ………………	26
	8	落書きだれだ？ …………………	27
	9	ごまかしちゃえ …………………	28
節度・節制を学ぶ あそび	**10**	文句言いだらけ …………………	29
	11	テレビ見る？ ……………………	30
	12	ダダッ子だれだ？ ………………	31
個性の伸長を学ぶ あそび	**13**	ハートの大きさ …………………	32
	14	いいとこミッケ …………………	33
	15	得意なことジェスチャー ………	34
	16	ルビンの壺 ………………………	35
	17	ほめジャンケン …………………	36
	18	脳内漢字 …………………………	37
希望と勇気・ 努力と強い意志を 学ぶあそび	**19**	成長の木 …………………………	38
	20	未来の私との対話 ………………	39
	COLUMN 2　議論の効果 ……………		40

Chapter 2

人との関わりに関するあそび

親切・思いやりを 学ぶあそび	**21**	あそびに入れてよ	42
	22	困りっ子	43
	23	ムリ！	44
感謝を学ぶあそび	**24**	見守り体験	45
	25	返せよ！	46
	26	ありがとう付箋	47
礼儀を学ぶあそび	**27**	挨拶ポイント	48
	28	挨拶のない世界	49
	29	ニセの返事	50
	30	先生、トイレ	51
	31	立腰姿勢で、「はいっ！」	52
友情・信頼を学ぶ あそび	**32**	シークレットフレンズ	53
	33	いい噂回し	54
	34	「ごめんなさい」のない世界	55
相互理解・寛容を 学ぶあそび	**35**	いろいろな切り返し	56
	36	二重とびできた！	57
	37	北風と太陽	58
	38	好きなもの見つけランキング	59
	39	2つの聴き方	60
	40	ほめオニごっこ	61
	COLUMN 3	ゆさぶり発問	62

Chapter 3
集団や社会との関わりに関するあそび

規則の尊重を学ぶあそび	**41**	自分勝手な授業態度	64
	42	ねえ、昨日テレビ見た？	65
	43	順番抜かし	66
	44	大声図書室	67
	45	忍者タイム	68
	46	切り替え2秒	69
公正・公平・社会正義を学ぶあそび	**47**	態度チェンジ	70
	48	あの子としゃべったら絶交よ	71
	49	傍観者からの脱却	72
	50	読み間違い	73
	51	10秒席替え	74
	52	赤い糸	75
勤労・公共の精神を学ぶあそび	**53**	人のため付箋	76
家族愛・家庭生活の充実を学ぶあそび	**54**	お醤油どうぞ	77
	55	お仕事ビンゴ	78
	56	お仕事探し	79
よりよい学校生活・集団生活の充実を学ぶあそび	**57**	逆片づけ	80
	58	クラスの課題は？	81
国際理解を学ぶあそび	**59**	いろいろな国の言葉で挨拶	82
生命の尊さを学ぶあそび（生命や自然・崇高なものとの関わりに関するあそび）	**60**	命のはしご	83
	COLUMN 4	議論で使える指名なし討論	84

Chapter 4
議論する授業をつくるあそび

指名なし討論への ステップとしての あそび	**61**	班で数字かぞえ	86
	62	班で指名なし音読	87
	63	班で指名なし発表	88
	64	号車対抗指名なし音読	89
	65	号車対抗指名なし発表	90
	66	半分対抗指名なし音読	91
	67	半分対抗指名なし発表	92
	68	指名なし発表タイムアタック	93
	69	指名なし発表	94
	70	指名なし討論	95
モラルジレンマ学習 のウォーミングアッ プとしてのあそび	**71**	10円玉を拾ったら？	96
	72	大人の人が倒れている！	97
	73	音楽会の練習で	98
	74	友だちのなくし物、探す？	99
	75	これ、おいしい？	100
議論を盛り上げる トレーニングとして のあそび	**76**	はい＆なぜですか？	101
	77	エンドレスなぜなぜ	102
	78	確かに、でもね	103
	79	話は変わりますが	104
	80	合わせると	105
	COLUMN 5	討論をするときのひと工夫	106

Chapter 5
役割演技をするあそび

役割演技のスキルを
鍛えるあそび

81 自由会話 ……………………………………… 108
82 インタビュー ………………………………… 109
83 役割チェンジ ………………………………… 110
84 役割追加 ……………………………………… 111
85 ひとりごと …………………………………… 112

役割演技の
ウォーミングアップ
としてのあそび

86 はむはむほむほむ…………………………… 113
87 はい、そうなんです！ ……………………… 114
88 「あ」の百面相 ……………………………… 115
89 ワンボイス …………………………………… 116
90 集団紙粘土 …………………………………… 117
91 場所当てっこ ………………………………… 118
92 職業ジェスチャー …………………………… 119
93 旅行ガイド …………………………………… 120
94 カウンセラー ………………………………… 121
95 社長、たいへんなことになりました！……… 122
96 総合案内所 …………………………………… 123
97 会話チェンジ ………………………………… 124
98 ナイフとフォーク …………………………… 125
99 リモコン ……………………………………… 126
100 ブラインドポーズ …………………………… 127
101 感情リーダー ………………………………… 128

COLUMN 6 役割演技の注意点 ………………………………… 129

巻末資料：「手品師」のあらすじ／「モラルジレンマ学習」のテーマ例 ……………… 130

おわりに ………………………………………………………131

Introduction

道徳科の目標と授業づくり

道徳あそびを行う前に、
「特別の教科　道徳科」の目指すところと
3つの授業スタイルについて
理解しましょう。

「特別の教科 道徳」の目標

「特別の教科 道徳」の目標は、学習指導要領で次のように記述されています。

> よりよく生きるための基盤となる道徳性を養うため、道徳的諸価値についての理解を基に、自己を見つめ、物事を多面的・多角的に考え、自己の生き方についての考えを深める学習を通して、道徳的な判断力、心情、実践意欲と態度を育てる。

「自分ってどんな人間なのだろう?」
「どういう生き方をしたらいいんだろうか?」
「自分らしさって何だろうか?」
道徳科の授業では、このようなことを考えるわけです。

だれかに言われたからするのではなく、自分で考えた上で行動し、よりよい社会や集団を形成していこうとする。その基盤となる道徳性を養うのが、道徳教育の目標なのです。

人の行動とは、その状況でもっとも適切であると判断した結果ですが、その背後には「○は正しい」とか「△するのがいい」といった道徳的価値があると考えられます。

こうした価値のことを、「徳目」と呼びます。

道徳教育は大きく4つの視点で構成されており、それぞれに右ページのような徳目があります。

本書では、主にA〜Cの徳目についてのあそびを取り上げています。

徳目を学習するために、本書では3種類の授業を紹介します。次のページからは、その3つの授業スタイルについて解説します。違いが分かりやすいように、「手品師」というお話をもとに作成してみました(教材あらすじはp.130参照)。

授業のねらいと教材によって、用いるべき授業スタイルは変わります。

「役割演技をした上でモラルジレンマ学習」など、兼ねることもあります。

どれがふさわしいのか、よく検討した上で授業をつくる必要があるといえるでしょう。

●「特別の教科 道徳」の学習内容

 A 主として自分自身に関すること

「善悪の判断、自律、自由と責任」
「正直、誠実」
「節度、節制」
「個性の伸長」
「希望と勇気、努力と強い意志」
「真理の探求」

 B 主として人との関わりに関すること

「親切、思いやり」
「感謝」
「礼儀」
「友情、信頼」
「相互理解、寛容」

 C 主として集団や社会との関わりに関すること

「規則の尊重」
「公正、公平、社会正義」
「勤労、公共の精神」
「家族愛、家庭生活の充実」
「よりよい学校生活、集団生活の充実」
「伝統と文化の尊重、国や郷土を愛する態度」
「国際理解、国際親善」

 D 主として生命や自然、崇高なものとの関わりに関すること

「生命の尊さ」
「自然愛護」
「感動、畏敬の念」
「よりよく生きる喜び」

徳目の大切さを気付かせたいときに！

・モラルスキル学習 —— 体験する

　徳目について教えるために効果を発揮するのが、「モラルスキル学習」です。

　スキルとは、「技能」を意味します。技能を、技術的なトレーニングによって身につけようとするのが、スキルトレーニングと呼ばれるものです。

　モラルスキル学習とは、道徳科のねらいに即しながら、行動に関する指導を試みる学習です。道徳的な場面を想定しながら学習を行います。行為に関するスキルを学びながらも、同時に、道徳的価値を学び、道徳性を育むのです。

　小学校および中学校の学習指導要領では、「児童（生徒）の発達の段階や特性等を考慮し、指導のねらいに即して、問題解決的な学習、道徳的行為に関する体験的な学習等を適切に取り入れるなど、指導方法を工夫すること」と記載されています。道徳的行為に関する体験的な学習を取り入れることが求められているのです。

　ただし、「スキルを学ぶ」という点だけを強調してしまうと、道徳的な学びが成立しにくくなります。道徳的価値を含む教材とのつながりを、うまく仕組んで授業を構成しなくてはなりません。

　例えば、教科書の教材で挨拶の大切さにふれ、「礼儀」について学びます。その上で、朝の時間を想定し、様々な挨拶のロールプレイを行います。挨拶する体験を通じて、気持ちのいい挨拶のやり方を考えます。

　大切なのは、「スキルを身につけることが目的ではない」ということ。なぜかというと、身につけたスキルを使って、詐欺などの悪事をはたらくことも可能だからです。スキルを習得しながら、「いかにお互いが気持ちよく生活できるのか？」「よりよく生きていくためにはどうすればいいのか？」を考えられるようにするのです。体験学習の後には、必ずふりかえりの時間をもうけるようにして、道徳的価値の自覚を深めていくようにしましょう。

　Chapter 1〜3では、様々な徳目に応じたモラルスキル学習としてのあそびを紹介しています。授業で扱う徳目に合わせて選ぶようにするといいでしょう。

● モラルスキル学習の進め方

1 導入

2 教科書を読む

3 モラルスキル学習1

4 話し合い

5 モラルスキル学習2

6 ふりかえり

考えを深めたいときに！

• モラルジレンマ学習 —— 議論する

　モラルスキルで徳目について学べたとしても、何もかもが1つの観点から考えられるほど、世の中はシンプルではありません。

　例えば、ドッジボールをしていて、親友がボールに当たったのを見たとします。
それなのに、親友は「当たっていない」と言っています。

　本当のことを言うべきでしょうか？　言わないでおくべきでしょうか？

　「規則の尊重」の徳目で考えるならば、「当たったものは、当たったのだから、アウト」と言うべきでしょう。

　「友情」の徳目で考えるならば、「言わずにそっとしておいてあげる」かもしれません（「友情を重視して本当のことを言う」という考えもありますね）。

　これは、簡単には決められないし、答えは1つではありません。

　モラルジレンマとは、この例のように、背反する2つの選択肢において選択を迫られるときに発生する葛藤のこと。道徳授業では、葛藤において自分がどのような選択をするのか話し合い、この対話によって道徳性の発達を促していきます。これを「モラルジレンマ学習」と呼びます。

　まずは、教科書の内容を確認します。結末の描かれている教材については、葛藤の起こる場面まで読み、教科書を閉じます。

　これを「中断読み」と言います。

　そして、「主人公はどうするべきか？」といった発問を投げかけ、話し合いを行います。最後に感想を書き、オープンエンドでしめくくります。

　深い話し合いにするポイントは、「〜べき」まで言い切る発問にすることです。「もし、自分ならどうするか？」と問われても、自分の考えを出し合うにとどまります。しかし、「どうするべきか？」と問われれば、主張が生まれます。意見が対立し、議論が活性化されるのです。

　Chapter 4 では、話し合いの練習となるあそびを15例、モラルジレンマ学習の話し合いのテーマを扱ったあそびを5例掲載しています。

　これらを活用し、活発な議論が交わされる道徳科の授業をつくりましょう。

● モラルジレンマ学習の進め方

1 教科書を読む

2 立場を明らかにする

3 理由をまとめる

4 自分の考えを伝える

5 自由に話し合う

6 ふりかえり

> # 様々な価値にふれさせたいときに！

● 役割演技 —— 感じる

　役割演技とは、資料の中の特定場面や状況における登場人物を演じることです。

　教師が人物や場面を設定します。子どもたちは登場人物になりきり、そのときの感情を即興的かつ自由に表現します。

　役割演技では、多様な感じ方や考え方に出合うことができます。子どもは「やっぱり感謝する気持ちって大切だ！」「友だちを見ていると、私にも同じような気持ちがあったよ」などと、実感を伴いながら道徳的価値を追求することができます。役割演技を通じて、子どもたちは、相手の立場に立って物事を理解しようとするようになります。創造的に対応するようになり、望ましい行為を選択する力を身につけていきます。

　役割演技は、演じている子どもだけではなく、見ている子どもも巻き込みながら、クラス全体で取り組むものです。演じている子どもには「演じてみて、どんな気持ちになったのか」、見ている子どもには「見ていてどう思ったのか」を尋ねて、道徳的価値への見方や考え方を拡充できるようにしましょう。

　また、なりきることができるのは、複数の登場人物ばかりではありません。1人の登場人物の「心の中」を演じることにより、登場人物の葛藤する気持ちを感じることもできるのです。現実では不可能なことも可能にしてしまうのが、役割演技の長所といえます。

　子どもたちが登場人物の内面を深く感じられるようにするためには、教師にも即興的に指導を入れていくことが求められます。Chapter 5 の道徳あそび81～85 には、5 例のスキルを掲載していますので、まずはその技術を駆使できるようになりましょう。

　役割演技を行う際には、劇的表現が自由にできるような心がまえと、学級の雰囲気をつくっておくことが必要です。そのために、演劇的なあそびを行い、雰囲気をあたためるといいでしょう。Chapter 5 には 16 例のウォーミングアップとしてのあそびを載せていますので、ここから選び、5 分程度で行いましょう。

● 役割演技の進め方

1 ウォーミングアップ

2 教科書を読む

3 役割演技1

4 話し合い

5 役割演技2

6 ふりかえり

Introduction 道徳科の目標と授業づくり　17

COLUMN 1

パペットの使用

　役割演技による体験は、効果がとても大きいもの。そのため、子どもたちの中には、現実的な体験と混同してしまう子がいます。

　そうなると、特に難しくなるのが、悪い体験や悪役の扱いをどうするか、ということです。例えば、いじめの場面で、被害者役や加害者役を子どもが行うのは危険です。その後の人間関係にまで引きずってしまうおそれがあるからです。また、嘘をつく、悪いことをするなどの動きを体験してしまうと、「楽しかった！」と肯定的に捉えてしまうことがありえます。それもよくありません。

　教師が悪役を演じればどうでしょう。子どもから「先生、それはやっちゃダメだよ！」「おかしいよ！」と言われてしまうこともあり、子どもと教師の関係に支障をきたすおそれがあります。

　そこで活用したいのが、パペット。本書では、人形を用いて「ワン太」「ニャン子」「コン助」としていますが、人形であれば何でも構いません。3体程度を用意しましょう。手を入れるタイプだと、動きがつくりやすいので便利です。

　それらのパペットに、加害者役や被害者役、悪いことをする子どもの役をやってもらうのです。

　パペットの動きに対してなら、「ワン太、それはやっちゃいけないことなんだよ！」と声をあげやすくなります。

　これであれば、その後の人間関係や行動に悪影響をあたえることはまずないでしょう。

ワン太

ニャン子

コン助

Chapter

1

自分自身の
心を見つめる
あそび

・・・

徳目

「善悪の判断、自律、自由と責任」
「正直、誠実」
「節度、節制」
「個性の伸長」
「希望と勇気、努力と強い意志」

自分自身の心を見つめるあそびを
紹介します。

善悪の判断・自律・自由と責任を学ぶあそび①

1 親友の万引き
ダメなことは、ダメだと言おう！

❶伝える言葉を考える

ある日のワン太とニャン子の会話です。
　「今ね、コンビニで万引きしてきたんだ。君にあげるよ！」
　「えっ、そうなんだ？」
　「はい、どうぞ」
　「ありがとう……」
さて、ニャン子の行動は、これでよかったでしょうか？

ダメです。
きちんと断らなければいけないと思います！

なんと言って断ればいいのか、
となりの人と話し合ってみましょう。

❷代表者が断る言葉を発表する

では、だれか前へ出て発表してください。
（挙手・指名）
　「今、コンビニで万引きしてきたんだ。
　　君にあげるよ」

いらない。
店で物をとるのは、いけないことなんだよ！

「何だよ、
　ノリが悪いな〜」

君のことが大事だから、
そう言っているんだよ！

（2〜3人　活動後）
見ていて、気付いたことはありますか？

大事な親友だからこそ、言うべきことは
きちんと言えるようになりたいと思いました。

ADVICE！　「親友が窓ガラスを割っていた」「親友がトイレのスリッパを投げてあそんでいた」「親友が掃除時間にほうきを振り回していた」など、いろいろなパターンでやってみましょう。

善悪の判断・自律・自由と責任を学ぶあそび②

2 悪いお誘い
断る言葉を身につける！

❶悪い誘いをかける

 ジャンケンで勝った人は
「今、授業中だけど、〜〜しようよ」と悪い誘いをします。
負けた人は、「いいね！ やろう」と伝えましょう。

 今、授業中だけど、立ってみようよ。　 いいね！ やろう。

 今、授業中だけど、しりとりしようよ。　 いいね！ やろう。

 やってみて、どう感じましたか？

 授業中なのに、とても騒がしくなって、いけないなと思いました。

❷悪い誘いを断る

 今度は、悪い誘いに対して「やめておこうよ」と伝えます。

 今、授業中だけど、暴れ回ろうよ。　 やめておこうよ。みんなの邪魔になるし。

 今、授業中だけど、立ってみようよ。　 やめておこうよ。授業に集中できないよ。

 やってみて、気付いたことはありますか？

 きちんと断ることが大切だと思いました。　「また後であそぼうね」と言うと分かってもらうことができました。

ADVICE! お誘いの言葉は、ほかに「外に行こうよ」「落書きしようよ」「紙飛行機をつくろうよ」などがあります。

Chapter 1　自分自身の心を見つめるあそび　21

善悪の判断・自律・自由と責任を学ぶあそび ③

3 上靴隠そうよ
正しいことを、何て言えばいい？

❶声のかけ方を考える

ワン太が、コン助の上靴を持っています。
🐶「上靴隠してやろっと！」
🐱「やめたほうがいいんじゃない……？」
🐶「何だと？」
🐱「いや、何でもないよ」
みなさんがニャン子なら、
何と声をかけますか？

❷代表者が伝える

では、ワン太に声をかけられる人はいますか？　（挙手・指名）
🐶「上靴隠してやろっと！」

ダメだよ！

🐶「何だって？」

自分がされていやなことは、
人にしちゃいけないよ！

（4〜5人　活動後）
見ていて、気付いたことはありますか？

自分も、そういうときがあったら、
きちんと注意できるようになりたいと思いました。

ADVICE！　「ダメなんだぞ！」「先生に言うよ！」など、様々な声のかけ方を確認しましょう。

善悪の判断・自律・自由と責任を学ぶあそび④

4 ひとりぼっち
ひとりぼっちの子をどうする？

❶声かけの仕方を考える

休み時間、みんなでドッジボールに行くことになりました。
でも教室に、ひとりぼっちのニャン子がいます。ワン太がみんなに言います。
「ドッジボールやろうよ！」

いいねえ！

「……」
どうすればいいのでしょうか？

大きな声で、ニャン子を
誘ってあげるといいのだと思います。

❷代表者がよりよい声かけをする

では、ニャン子に
声をかけられる人はいますか？
（挙手・指名）

ドッジボールやろうよ！

いいねえ！

ねえ、ニャン子も行く？

（3〜4人　活動後）
やってみて、何か考えたことはありますか？

ひとりぼっちの子がいたら、
やさしく声をかけてあげようと思いました。

ADVICE!　「一緒に行こうよ」「ドッジボールやらない？」など、様々な声かけを引き出しましょう。

Chapter 1　自分自身の心を見つめるあそび　23

善悪の判断・自律・自由と責任を学ぶあそび⑤

5 日直さん、あそぼ！
自分の仕事はどうするの？

❶あそびに誘われてのってしまう

あなたは日直です。休み時間に、黒板を消すことになっています。
それなのに、「ドッジボールに行こうよ！」と誘われます。どうしますか？
ジャンケンで勝った人が誘います。負けた人が日直さん。始め。

 ねえ、ドッジボールに行こうよ。

 でも、日直の仕事があるからなあ。

 いいじゃん。行こうよ。

 じゃあ、ちょっとだけ。

 はっきり断れた人？　断れなかった人？　（挙手）
もしもあそびに誘われて行ってしまうと、どうなるのでしょうか？

 クラスが、うまくいかなくなります。

❷代表者が誘いを断る

 では、よりよいやりとりをしてみましょう。代表してできる人は？
（挙手・指名）

 ねえ、ドッジボールに行こうよ。

 ごめん、日直の仕事があるんだ。また明日あそぼう！

 今日は無理なんだな。分かった！

 いいと思ったやりとりを、ペアで試してみましょう。
（活動後）やってみて、気付いたことはありますか？

 自分の仕事を最後までやらないと、みんなが困ると思いました。

ADVICE！　誘い言葉を、いろいろ変えてみるのもいいでしょう。「鬼ごっこしようよ」「お絵かきしようよ」「はないちもんめしようよ」など。

善悪の判断・自律・自由と責任を学ぶあそび⑥

6 バレなきゃいいよ
正しさとは何だ？

❶ 天使と悪魔になりきり話し合う

宿題を忘れてしまいました。でも、先生は気付いていません。さあ、どうしよう？
心の中で天使と悪魔の心が戦います。ワン太が悪魔で、ニャン子が天使です。
🐶「宿題なんか、忘れても大丈夫だよ。そのままでいたらいいよ」
🐱「ダメだよ。嘘はいけない。きちんと先生に言おう」
🐶「言ったら怒られるよ。だまっていよう！」
🐱「う、うん……」
ああ、天使が、負けてしまいました。
このままでいいかな？

ダメだと思います！

❷ 天使が勝てるように努力する

では、天使が勝てるように、悪魔を説得しましょう。
勝てる自信のある人はいますか？
🐶「宿題なんか、忘れても大丈夫だよ。だまっていよう！」

ダメ！
ごまかすのはよくないよ。

🐶「でも、怒られちゃうよ？」

正直に伝えて、
すぐにとりかかろうよ。

おっ！ 悪魔に勝つことができました！ （2～3人　活動後）
やってみて、感じたことはありますか？

僕は、ときどき弱い自分に負けそうになることがあるので、
悪い心の声に負けないようにしたいなと思いました

ADVICE!　少しのやりとりをしてから、最後には天使が勝つ方向へもっていきましょう。

Chapter 1　自分自身の心を見つめるあそび

正直・誠実を学ぶあそび①

7 かびんをガチャン
やっちゃったら正直に謝ろう！

❶かびんを割った後の動きを考える

 ワン太が、教室に置いてあるかびんを割ってしまいました。だれも見ていません。
そこへ、先生がやってきました。
　「かびんが割れているね。どうしたの？」
　「えーっと、僕は知りません」
　「あなたは何をしていたの？」
　「ここで、じっとしていました」
ワン太に言ってあげたいことはありますか？

 嘘をつくのは、いけないよ！

❷よりよいあり方を考える

 自分なら何と言うのか考えてみましょう。
では、ワン太の立場に立って、謝ることができる人？　（挙手・指名）
　「かびんが割れているね。どうしたの？」

 私が割ってしまいました。
ごめんなさい。

 正直に言えたね。どうすればいいかな？

 割らないようにします。
そして、これから気を付けてあそぶようにします。

 （3〜4人　活動後）
やってみて、気付いたことはありますか？

 嘘をつくのはよくないことだな、
と思いました。

 正直に言うのは勇気がいるけれど、
がんばってみようと思いました。

ADVICE！　嘘をつくことが癖になってしまっている子もいます。そういう子に体験させ
たいあそびです。

正直・誠実を学ぶあそび②

8 落書きだれだ？
落書きしちゃった、謝ろう！

❶落書きしても黙っている

🐶「このクレヨン書きやすいな。壁にも書いちゃえ！」
あらあら、ワン太が、教室の壁に落書きをしてしまいました。
後になって、先生がその落書きを見つけました。
　👩「書いたのはだれですか？　正直に言いましょう」
　🐶「……」
　👩「やった人は、手を挙げなさい」
　🐶「……」
ワン太に言ってあげたいことはありますか？

情けないし、かっこ悪いよ！

❷正直に謝る

では、正直に謝ってみましょう。
　👩「だれですか？　正直に言いましょう」

あの、じつは、
僕が書いてしまいました……。

正直に言ってみて、どう感じましたか？

恥ずかしいけれど、言ってよかった
という気持ちになりました。

見ていた人は、どうですか？

僕は、みんなの前で言う勇気はないです。
でも、後で先生のところへ本当のことを伝えにいこうと思いました。

ADVICE！　全員の前で罪を認めるのは、とても勇気のいることです。正直に言うことの大切さに気付かせましょう。

Chapter 1　自分自身の心を見つめるあそび　27

正直・誠実を学ぶあそび③

9 ごまかしちゃえ
ごまかさないって大切だ！

❶上体起こしの回数をごまかす

- 「1、2、3、4……8！」
- 「ピピー」
- 「ああ、10回を目指していたんだけどなあ」
- 「いいよ！　10回にしてあげる」
- 「いいの？　やったー！」

このごまかしは、いいことですか？

ダメだと思います！

❷代表者が正直に応じる

じゃあ、ニャン子は何と言えばよかったのでしょうか？
では、ニャン子のセリフを言える人はいますか？
（挙手・指名）
- 「10回にしてあげる」

いらない。
本当の記録じゃないと、意味がないよ！

（4〜5人　活動後）
やってみて、感じたことはありますか？

みんながごまかすと、正しい記録が分からなくなってしまいます。
だから、正直にやることが大事だと思いました。

ADVICE!　「反復横とびの回数」「ソフトボール投げの記録」など、記録を計測するものでいろいろとやってみるといいでしょう。

28

節度・節制を学ぶあそび①

10 文句言いだらけ
「エー」ばかりになると、どう？

❶ 文句ばかりを言う

 何かをやるときに、文句ばかり言っていると、どんな気持ちになるのでしょう？ ためしにやってみましょう。では、今日はテストをします。

 エー！

 それから、外でサッカーをします。

 エー！

 どんな気持ちになりましたか？

 モヤモヤした気持ちになりました。

❷ 喜びの声をあげる

 今度は、喜びの声をあげてみましょう。では、今日はテストをします。

 がんばるぞ！

 それから、外でサッカーをします。

 やったあ！

 やってみて、どう感じましたか？

 僕はすぐに文句を言ってしまうけれど、これからは気を付けようと思いました。

ADVICE！ 「『エー』の両側にイをつけてみよう」と伝えれば、みんなで「イエーイ！」と言うことができます。

Chapter 1　自分自身の心を見つめるあそび　29

節度・節制を学ぶあそび②

11 テレビ見る?
弱い心と戦おう!

❶葛藤が生じる

テレビを見続けています。眠る時間がやってきました。心の葛藤が起こります。
となりの人とジャンケンをして、勝ったほうが天使、負けたほうが悪魔です。
先生が「チェンジ」と言ったら、座席を入れ替わってください。

 続けて見ちゃえ!

 やめないと、明日がつらいよ。

 だって、続きが気になるじゃないか。

 でも、眠らないと!

❷天使が勝つように戦う

 チェンジ。

 続けて見ちゃえ! 録画して、明日見よう。

 今、見たいんだよ! ダメ! すぐに寝るんだ!

 やってみて、どう思いましたか?

 自分の中の弱い心に勝てるようになりたいと思いました。

ADVICE! 役割演技の技法「チェンジ」を用いたあそびです。30秒に1回ほどのタイミングで、3〜4回程度チェンジするといいでしょう。両方の気持ちを体感させるようにします。

節度・節制を学ぶあそび③

12 ダダッ子だれだ?
わがまま言う人、だーれだ?

❶ダダッ子になり授業を受ける

全員、顔をふせます。今から、頭をタッチされた3人は、ダダッ子になります。
「当ててほしかったのにー!」というように、いちいちダダをこねましょう。
ほかの人は、だれがダダッ子なのかを当てます。
(タッチし終えてから)顔を上げましょう。では、1+1=、分かる人?
(挙手・指名)では、Aくん。

ああーん、当ててほしかった〜!

1人分かった!

❷ダダッ子がだれなのかを当てる

もう少し続けてみましょう。2-1=、分かる人?
(挙手・指名)Bくん。

1です。

ああーん、
私が答えたかったのに〜!

だれなのか、分かった人?
(挙手・指名)

はい。Cくん、Dくん、
Eさんがダダッ子です。

正解! (2〜3回 活動後)
見ていて、思ったことはありますか?

ダダをこねるのは、
恥ずかしいことだと思いました。

ADVICE! ダダをこねる役をやりたくない子もいます。顔をふせたとき、「やりたい人は手を挙げてごらん」と伝えれば、やりたい子に役を当てることができます。

Chapter 1　自分自身の心を見つめるあそび　31

個性の伸長を学ぶあそび①

13 ハートの大きさ
気持ちの元気を表そう！

❶ハートを描く

ネームペンで、紙に大きくハートを描きましょう。
それは、自分が一番元気なときです。そのハートの中に、
できるだけ小さなハートを描きましょう。
それは、自分が一番落ち込んでいるときです。
今のあなたの心の状態は、どれくらいですか？
色鉛筆で塗ってみましょう。
となりの人と見せ合って、
どうしてその大きさなのか、話し合ってみましょう。

どうして、その大きさなの？

じつは、今朝お母さんとケンカして……。

❷最大にするための手立てを考える

ハートを最大にするためには、どうすればいいでしょうか？
紙の空いているところに書いてみましょう。

お母さんと仲直りしようと思います。

もう少し早く布団に入るようにします。

やってみて、気付いたことはありますか？

思っていたよりも、
自分が落ち込んでいると分かりました。

ADVICE！ A4 サイズの紙が適しています。画用紙の場合は、16 切りを使用しましょう。

個性の伸長を学ぶあそび②

14 いいとこミッケ
私のいいところって、何だろう？

❶自分のいいところの言葉を見つける

いいところを表す言葉には、どんなものがありますか？
「かっこいい」「ステキ」「ナイス」
「かしこい」「おもしろい」「美しい」
この中から、自分に当てはまる言葉を選んで、箇条書きにしましょう。

何だろう。
よく分からないな……。

❷いろいろな友だちに書いてもらう

教室を歩き回り、
友だちに続きを書いてもらいましょう。

書いてくれる？

いいよ。「やさしい、思いやりがある」。
はい、どうぞ。

わあ、ありがとう！

やってみて、気付いたことはありますか？

自分ではよく分からなかったけれど、
友だちに書いてもらって、
自分のいいところが分かりました。

ADVICE! いいところを表す言葉が浮かばなければ書きにくいものです。黒板いっぱいに意見を書き出して、そこから言葉を選べるようにしましょう。

Chapter 1　自分自身の心を見つめるあそび　33

個性の伸長を学ぶあそび③

15 得意なことジェスチャー
好きなものを表現しよう！

❶ジェスチャーで表現する

 自分の得意なことを、ジェスチャーで表してみましょう。
食べ物、趣味、がんばっていることなど。
言葉は使わずに、動きだけで表現します。
ジャンケンで、
勝ったほうから問題を出します（動きを見せる）。

 う〜ん、ピアノ？

 正解！

❷代表者が問題を出す

 みんなの前でやってみたい人はいますか？ （挙手・指名）
はい、Aくん。（Aくんが動きを見せる）

 野球？

 おしい！

 ソフトボールだ！

 正解！

 （4〜5人 活動後）
やってみて、思ったことはありますか？

 みんな、いろいろなことを
がんばっているんだなと思いました。

ADVICE！ 思いつかず、じっとしている子には、動きのヒントを示してあげるようにしましょう。

個性の伸長を学ぶあそび④

16 ルビンの壺
短所を長所に見方を変えて！

❶短所を書き出す

これが何に見えますか？
壺に見える人もいれば、人の顔に見える人もいることでしょう。
同じように、短所と思えた部分が、見方を変えれば長所にすることができます。
みなさんの短所は何でしょうか？
例えば、先生は忘れっぽいです。おまけに、運動が苦手です。
こんな感じで、箇条書きにして、書き出してみましょう。

私は算数が苦手……。

発表するのが苦手なんだよなあ。

❷短所を長所に書き直してもらう

書けたら、となりの友だちと交換します。
矢印を引き、マイナスの言葉をプラスに書き換えてあげましょう。

算数ができないなら、
できない人の気持ちが分かる優しい人だね。

発表するのが苦手なのは、
「よく考えている」と言えるね。

紙を本人に返してあげましょう。
このような自分のよさに気付くのに、
大切なことは何でしょうか？

自分には、いいところがあるんだと
考えることだと思います。

ADVICE! このように、マイナスの思い込みをプラスに変えることを「リフレーミング」と言います。「臆病な人は、慎重とも言えるよね」など、たくさんの例を示してから活動に取り組みましょう。

個性の伸長を学ぶあそび⑤

17 ほめジャンケン
友だちのよさを見つけよう！

❶となりの子をほめる

となりの人とジャンケンします。
負けた人は、5秒以内に相手のことをほめましょう。
5秒以内にほめられなければ負けです。

髪型がかっこいいね。

いつも、
発表をがんばっているね。

その鉛筆が、かっこいいね。

え〜と……負けた！

❷相手を変えてあそぶ

次は、
席が前後の人と勝負しましょう。

字がきれいだね。

手を挙げるとき、
指まで伸びているね。

う〜、……負けたあ。

やってみて、思ったことはありますか？

ほめてもらえると、少しうれしかったです。

自分にも、いいところはあるんだなと思いました。

ADVICE！ 人をほめるのは、ちょっとした気恥ずかしさがあるものです。ある程度、教室の空気をあたためてから取り組むのがいいでしょう。

個性の伸長を学ぶあそび⑥

18 脳内漢字
頭の中は、どんな漢字?

❶頭の中を漢字で表す

配った紙に、大きな丸を描きましょう。
それは、あなたの頭の中です。その頭の中を、漢字で表現しましょう。
どんな漢字が入るでしょうか?

僕は、おなかがすいているから、
食食食……!

卓球のことばっかり考えている。
だから卓卓卓……!

教科書や国語辞典、
漢字辞典を見てもいいですよ。

❷班の友だちと見せ合う

それでは、班の友だちと見せ合いましょう。

どうして肉ばかりなの?

焼き肉が大好きで、食べたいんだよね。

どうして妹って書いてるの?

妹が風邪をひいているから、心配なんだ。

それぞれの違いを見て、気付いたことはありますか?

みんな、頭の中でいろいろなことを考えていて、
その違いがいいなと思いました。

ADVICE! 漢字でいっぱいの頭の中を紙上で見ると、会話のきっかけになります。
それぞれのよさとして取り上げられるようにしましょう。

Chapter 1 自分自身の心を見つめるあそび 37

希望と勇気・努力と強い意志を学ぶあそび①

19 成長の木
成長したのは、どんなところ？

❶がんばっていることの葉を広げる

紙に木の幹を書きます。それは、成長の木です。
右に学習、左に生活と書きます。丸で囲みます。
それは、葉です。
そこから、この1年間で成長したことを
葉に書いて広げていきます。
どれだけ大きく広げられるかな？

学習は、
九九ができるようになったことかなあ。
足し算の筆算もできるようになったね。
生活は、1人で持ち物の準備が
できるようになったよ。

❷成長の木を見せ合う

では、
ほかの人と見せ合いましょう。

こんな感じの木になったよ！

Aさんは習字もがんばっているよね。
それも書くといいんじゃない？

なるほど。
それ、書いてみるよ！

自分の成長の木を見て、
気付いたことはありますか？

この1年間で、
たくさんの成長があったんだと思いました。

ADVICE！ 「○年生になってから今までの間」や「1学期間」など、その授業時期に合わせた期間を設定するようにしましょう。

希望と勇気・努力と強い意志を学ぶあそび②

20 未来の私との対話
未来の私はどうしてる？

❶ 自分の夢を詳しく伝える

　まずは、となりの人へ自分の夢を伝えましょう。
できるだけ細かく、どんな夢を叶えたいのかを伝えましょう。

　私は将来、テニスプレーヤーになりたいんだ。

　そうなんだ。世界の大会に出るの？

　うん。ウィンブルドンで優勝する！

　それはすごいね！

❷ となりの人になりきってもらう

　となりの人に「未来の私」になりきってもらいます。「未来の私」は、今のあなたの夢をやりとげています。どんな感じがするのでしょう？　ジャンケンで負けた人は、相手の未来の自分になってください。2分間行ったら交替します。

　未来の私は、どんな生活をしていますか？

　プロテニスプレーヤーになって、海外を渡り歩いています。

　英語は話せていますか？　　今はもうペラペラです。

　（交替して活動後）
未来の自分と対話して、感じたことはありますか？

　未来の夢に向けて、がんばろうと思いました。

ADVICE! 「友だちの未来の姿を演じる」のは、なかなかイメージが湧きにくいものです。教師による見本を見せてから行うようにしましょう。

Chapter 1　自分自身の心を見つめるあそび　39

COLUMN 2

議論の効果

　モラルジレンマ学習では、議論を中心にして学習を進めます。議論では、自分たちの徳目に照らし合わせて、「自分ならどうするか?」を話し合います。

　大事なのは、「なぜそう思うのか?」を話し合うこと。人がものを感じるには、何かしらの背景があります。それを言葉にして伝え合うのです。

　これには、2つの効果があります。

　まず1つ目は、ゼイガルニク効果です。人は達成できなかった事柄や中断している事柄のほうを、達成できた事柄よりもよく覚えているという現象です。

　例えば、漫画やドラマでは、盛り上がってきたところで「続きはまた来週」と、いきなり中断してしまいます。そうやって中断したほうが、視聴者や読者にいつまでも記憶してもらえるからなのです。

　モラルジレンマ学習の議論では、はっきりとした答えは出ません。このような未完の話し合いは、完了した話し合いよりもよく覚えていることになります。これによって、教材の内容理解や各自の理由づけを深化させることをねらうのです。

　2つ目は、プラス1方略です。アメリカの心理学者コールバーグが提唱したもので、自分よりも道徳性の高い考えにふれると、学習者の道徳性が引き上げられやすいという理論です。

　子どもたちは、友だちの考えを聞くことによって、自分1人では気付くことのなかった視点から物事を考えられるようになります。議論によって、子どもの道徳性がより豊かになるのです。

　モラルジレンマ学習の議論では、「自分ごと」として捉えるので、話し合いがヒートアップしがちなものです。議論の終わり頃には、お互いの考えを理解し合えるようにはたらきかけましょう。

Chapter

2

人との
関わりに関する
あそび

• • •

徳目
「親切、思いやり」
「感謝」
「礼儀」
「友情、信頼」
「相互理解、寛容」

人との関わりを考えるあそびを
紹介します。

親切・思いやりを学ぶあそび①

あそびに入れてよ
仲間に入れてあげるには？

❶手の押し合いに入れてもらおうとする

みんなで、かくれんぼのあそびをしています。
そこへニャン子がやってきました。あそびに入れてほしいと思っています。
そこで、近くにいたワン太へお願いすることにしました。
　「あそびに入れてよ」
　「僕じゃ分からないな。ほかの人に聞いて」
ワン太に言いたいことはありますか？

そんな言い方は、
かわいそうだと思うよ。

❷あたたかい言葉で受け入れる

では今度は、ワン太の代わりに、あなたがお願いされました。
あたたかい言葉で入れてあげましょう。
　「あそびに入れてよ」

いいよ。みんなー！
ニャン子が入ったよ。いいよね？

もちろん、いいよ！

（3～4人　活動後）
やってみて、気付いたことはありますか？

あそびに入れてあげられる思いやりを
もたなくてはいけないと思いました。

　声をかけるとき、ほかに「いいよ。君がオニね」や「オニか逃げるか、どっちがいい？」など、いろいろな返答が出せるように促しましょう。

42

親切・思いやりを学ぶあそび②

22 困りっ子
困っている子に、どうしてあげるといいのかな？

❶忘れた子になりきる

となりの子が教科書を忘れて困っていたら、どうしますか？
ジャンケンで負けた人が、教科書忘れの人。勝った人は、音読をしましょう。

「これは、わたしが
小さいときに、村の……」

「……」

今、忘れた人は、どういう気持ちですか？

忘れた自分が悪いんだけれど、
何だか寂しい気持ちになりました。

❷あたたかく声をかける

今度は、
あたたかく声をかけてあげましょう。

一緒に読もうよ。

いいの？　ありがとう！

代表してできるペアはありますか？
（2〜3組　活動後）どんな気持ちになりましたか？

心があたたかくなりました。

喜んでいる姿を見て、うれしくなりました。

ADVICE!　「転んだ人がいる」「消しゴムを忘れた人がいる」などのパターンでも行ってみましょう。

Chapter 2　人との関わりに関するあそび　43

親切・思いやりを学ぶあそび③

23 ムリ！
断り方を考えよう！

❶ 理由を伝えずに断る

一緒に帰ろうと誘われたき、どうしても用事があって、帰れないことがあったとします。どのように断ればいいでしょうか？
理由を言わず、一言で断ってみましょう。ジャンケンで勝った人が、「一緒に帰ろうよ」と言います。負けた人は断ります。
終わったら交替しましょう。始め。

　一緒に帰ろうよ。　　ムリ！

　そうなんだ……。　　……。

　やってみて、どんな気持ちになりましたか？

　何だか、嫌がられているみたいで、悲しい気持ちになりました。

❷ 理由を伝えて断る

　今度は、きちんと理由を言ってみましょう。

　一緒に帰ろうよ。

　今日は、おばあちゃんの家に行くからムリなんだ。ごめんね。

　そうなんだ、分かった！

　やってみて、気付いたことはありますか？

　きちんと理由をつけて断ってもらえれば、嫌な気持ちにならないのだと思いました。

ADVICE! いろいろな誘いかけに対して、断る練習をしてみましょう。例えば、「今日、放課後一緒にあそぼうよ！」「昼休み、オニごっこしようね！」などで行います。

感謝を学ぶあそび①

24 見守り体験
地域の方々にも自分から挨拶しよう！

❶挨拶せずに通り過ぎる

登下校を見守ってくれている方々に、挨拶をすることはできていますか。どんな挨拶を心がければいいのか、考えてみましょう。
ジャンケンで勝った人が、見守りの人の役で挨拶をします。
負けた人が、子どもの役で、黙ったまま通り過ぎてみましょう。

おはよう！　……。

おはよう！　……。

見守りの人の役をやってみて、どう思いましたか？

何だか、悲しい気持ちになりました。

❷自分から挨拶をする

今度は自分から挨拶をしてみます。

おはようございます！　やあ、おはよう！

いつもありがとう！行ってきます！　おお、行ってらっしゃい！

見守りの人は、どう感じましたか？

何だか、うれしい気持ちになりました。

地域の人は、みなさんの安全のために見守りをしてくださっています。挨拶で、感謝の気持ちを伝えられるといいですね。

ADVICE!　練習として、下校時の場合も行うと、よりよいでしょう。

Chapter 2　人との関わりに関するあそび　45

感謝を学ぶあそび②

25 返せよ！
お礼は何と言えばいい？

❶落とし物を偉そうに受け取る

ワン太が机の中身をひっくり返してしまいました。
みんなが、落ちたものを拾ってくれます。ニャン子も拾ってくれました。
　🐱「はい、鉛筆、どうぞ」
　🐶「返せよ！」
　🐱「はい、教科書、どうぞ」
　🐶「何だ、返せよ！」
ワン太に言いたいことはありますか？

せっかく拾ってくれたんだから、
お礼を言わなきゃいけないよ！

❷きちんとお礼を言う

ワン太の代わりにお礼を言える人はいますか？　（挙手・指名）
　🐶「はい、鉛筆、どうぞ」

ありがとう！

　🐱「はい、教科書、どうぞ」

ありがとう！

（3～4人　活動後）
やってみて、考えたことはありますか？

お礼を言ってもらえると、
手伝ってよかったなあ、と感じられると思いました。

ADVICE !　「落とした消しゴムを拾ってあげる」「配り物を渡す」など、ほかのパターンでもやってみましょう。

感謝を学ぶあそび③

26 ありがとう付箋
感謝をいっぱいためていこう！

❶付箋に感謝の気持ちを書く

1人3枚の付箋を配ります。
今日、「ありがとう」と思ったことを
見つけて書きましょう。

「Aさん、窓を開けてくれてありがとう」

「Bさん、
笑顔で挨拶してくれてありがとう」

❷画用紙に貼り付ける

画用紙に付箋を貼り付けて、
話し合ってみましょう。

みんなのために行動してくれている人が、
たくさんいるんだね。

私も何かやらないといけないな。

やってみて、思ったことはありますか？

友だちが人のために動いていて、
自分も何かやってみようと思いました。

みんなのために行動してくれる人がいて、
うれしい気持ちになりました。

 付箋は多めに用意し、教卓へ置いておきます。3枚以上書こうとする子を、大いにほめましょう。また、ハートマークの付箋など、付箋の形にこだわれば、さらにあたたかい雰囲気になります。

Chapter 2　人との関わりに関するあそび

礼儀を学ぶあそび①

27 挨拶ポイント
挨拶するって楽しいな！

❶自分から「おはよう」を伝える

今から、教室内を移動して挨拶をしてみましょう。
自分から挨拶をすれば、2ポイント。
声をかけられてから挨拶を返すと、1ポイント。
さあ、何ポイントためられるかな？

 おはよう！

 あっ、おはよう！
しまった、挨拶されちゃった〜。

 よ〜し、20ポイントたまったぞ！

❷自分から「さようなら」を伝える

 帰りの挨拶もしてみましょう。

 さようなら！

 さようなら！

 自分から挨拶をして、
気付いたことはありますか？

 うれしい気持ちになりました！

 挨拶をすると、気持ちよくなるのだと思いました。

ADVICE! 挨拶の変容に注目し、できている子を大いにほめるようにしましょう。

48

礼儀を学ぶあそび②

28 挨拶のない世界
挨拶をしないと、どう感じる?

❶挨拶のない朝の時間を体験する

挨拶のない世界って、どんな感じでしょう?
体験してみましょう。
今、朝の時間だと思ってみてください。
決して挨拶をしてはいけませんよ。
先生がやってきました。

はい、朝の連絡だけどね。

❷挨拶のない帰りの時間を体験する

今度は、帰りの時間です。
これで、明日の連絡を終わります。はい、帰っていいよ。

 　えっ?

ほら、帰るんだよ。
……やってみて、思ったことはありますか?

挨拶がないと、
気持ち悪いなと思いました。

気を付けて挨拶をしてみようと思いました。

ADVICE!　「挨拶」の言葉は、「挨」には開く、「拶」には迫るという意味があります。つまり、挨拶をすることは、「自分の心を開いて相手に迫っていくこと」ともいえます。体験と同時に、そのことを伝えるといいでしょう。

礼儀を学ぶあそび③

29 ニセの返事
返事の意味って何だろう?

❶おかしな返事をする

今日は、返事の言い方を少し変えてみましょう。
どんな返事がありますか?

「ウイ」「オラ」「ウホ」

では、「ウホ」でやってみましょう。
今日の体育は外で行います。 ウホ。

サッカーゴールを
用意しましょう。 ウホ。

返事してみて、
どう思いましたか?

「ウホ」は変です。
やっぱり、「はい」じゃないと。

❷正しい返事をする

では、「はい」で返事をしましょう。
今日の体育は、外で行います。

 はい。

サッカーゴールを用意しましょう。

 はい!!

やってみて、どう感じましたか?

返事は、はっきりと「はい」と言うのが
いいと思いました。

ADVICE! 返事の「はい」とは「拝」と書きます。さりげなく使っていますが、じつは相手の呼びかけを感謝して受け取る気持ちを伝える言葉なのです。

礼儀を学ぶあそび④

30 先生、トイレ
どう伝えればいいのかな？

❶正しく伝える方法を考える

 ある日の授業で、ワン太がモジモジしています。
「どうしたの？　ワン太くん」
「先生、トイレ」
ワン太に言ってあげたいことはありますか？

 丁寧に言ったほうがいいよ！

 何と言えばよかったのか、
となりの人と話し合ってみましょう。

❷代表者の動きをもとに考える

 代表して言うことができる人はいますか？　（挙手・指名）
「どうしたの？」

 先生、トイレに行ってきます。

 どうかな？

 いいと思います。

 （2〜3人　活動後）
言葉づかいについて、どう思いましたか？

 短く伝えるのは、相手に失礼だなと感じました。

 私もときどきできていないので、
礼儀正しく話せるようになろうと思いました。

ADVICE!　「教科書がない」「傘忘れた」「先生、ケガ！」などの課題でもやってみるといいでしょう。

Chapter 2　人との関わりに関するあそび

礼儀を学ぶあそび ⑤

31 立腰姿勢で、「はいっ！」
良い姿勢で声を出そう！

❶悪い姿勢をつくる

 ダラッとした姿勢をつくってみましょう。
それで返事をしてみます。さん、はい！

 はい……。

 どんな感じがしますか？

 何だか、声が出にくいです。

 そのまま、しばらく授業を受けてみましょう。

❷良い姿勢をつくる

 今度は、立腰姿勢をつくってみましょう。
お尻を後ろに引きます。背筋をシャンと伸ばします。
下腹部に力を入れます。顎を引き、肩の力を抜きます。
それで返事をしてみましょう。さん、はい！

 はい！

 やってみて、
気付いたことはありますか？

 大きな声が出せたので、
良い姿勢を保つのは大切だと思いました。

ADVICE！ 字の書きやすさや音読など、いろいろな活動で良い姿勢による効果が感じられるようにしましょう。

友情・信頼を学ぶあそび①

32 シークレットフレンズ
こっそり見つけろ、いいところ！

❶その人のいいところを書く

紙を配ります。紙に名前を書いてください。
書き終わったら、紙を回収します。
（回収後）
ランダムに配ります。今日1日をかけて、
配られた紙に書かれている人の
いいところを見つけて、紙に書いてください。

あっ、Aくんは、ゴミを拾っていたぞ。
いいところ、見つけた！

紙に書かれている人の
いいところを見つけましょう

見つけた！

❷帰りの会でネタばらしをする

自分が観察していた人に紙を渡して、
どんないいところがあったのかを伝えましょう。

ゴミを拾っていたね。
ステキだなあと思ったよ。

ありがとう！

やってみて、どう思いましたか？

自分のいいところを見つけてもらって、
とてもうれしかったです。

もっと、友だちのいいところを
見つけてみたいです。

ゴミを拾って
いたね。
ステキだなあと
思ったよ

ありがとう！

ADVICE！ まれに傷つくことを書く子もいます。活動後に紙は一度回収し、適切な内容が書けているかどうかを確認してから、後日返却するようにしましょう。

友情・信頼を学ぶあそび②

33 いい噂回し
あなたのいい噂、聞いたよ！

❶友だちのいいところを噂する

友だちのいいところを噂で回しましょう。
班の友だちのいいところを、噂にして伝えましょう。
班で中心を向きます。
班長から、左の人のいいところを
右の人へと順に回していきます。

ノート配りをしてくれたので、
みんな助かっているよ。

Aくんがノート配りをしてくれたので、
みんな助かっているよ。

❷本人まで噂を返す

Aくんが、ノートを配ってくれたって聞いたよ。
みんな助かっているよ。

わっ、ありがとう！

（4人分　活動後）
やってみて、どんなことを感じましたか？

いいところを噂してもらえると、
うれしくなりました。

ADVICE！　人の口を通すと、聞いたときの効果は大きくなるもの。「これが悪口だったらどうかな？」と考えれば、よりよい学びになることでしょう。

友情・信頼を学ぶあそび③

「ごめんなさい」のない世界
謝ってもらえないと、どんな気持ち？

❶ぶつかったのに謝らない

 ワン太が大いそぎで走っています。
1人、前へ出てきてください。ドン！

 痛っ。

 🐶「……」 痛いんだけど。

 🐶「ああ、ふうん。いそがなくちゃ！」
ワン太に言いたいことはありますか？

 ちゃんと謝らなくちゃダメだよ！

❷きちんと謝る

 では、ワン太の代わりに謝ってくれる人はいますか？
（挙手・指名）

 痛っ。

 ごめんね。大丈夫？
前を見ていなかったんだ。

 うん！　いいよ。

 （2〜3人　活動後）
やってみて、気付いたことを話し合いましょう。

 「ごめんなさい」の一言があるのとないのとでは、
気持ちが全然違うなあと思いました。

ADVICE!　ほかに、「消しゴムを間違えて使ってしまった」「勝手に椅子と机を使ってしまった」などでも行ってみましょう。

相互理解・寛容を学ぶあそび①

いろいろな切り返し
イラッとしたとき、何て言う？

❶カッとしたときの反応を見る

バカにされたときに、カッとなってしまうことって、ありますよね。
今日は、上手に切り返す方法を考えてみましょう。
ワン太とニャン子が会話をしています。
🐶「足が遅いね」
🐱「何だよ、バカにするな！」
🐶「本当のことを言っただけじゃないか！」
あらあら、ケンカが始まってしまいました。
ニャン子は、
何と言って返せばよかったのでしょうか？

落ち着いて言うと、いいんじゃないかな？

❷返し方を考える

では、よりよい切り返し方を考えてみましょう。
代表して、何人かの人にやってもらいましょう。
（挙手・指名）
🐶「足が遅いね」

そうだよ、悪い？
そんなこと言わないでくれるかな

🐶「いや、悪くはないけれど……」
（2〜3人　活動後）
やってみて、気付いたことはありますか？

怒る以外にも、
いろいろな切り返し方があるんだなと分かりました。

ADVICE!　切り返し方は、様々です。嫌みを返す「君の足の遅さには負けるけどね」、冷静に伝える「そういうことを、言わないでほしいな」、笑いにする「カタツムリみたいだろう？」など。

相互理解・寛容を学ぶあそび②

36 二重とびできた！
どんな反応が心地いい？

❶うすい反応をする

自分ができるようになったとき、友だちに何と言ってもらいたいですか？
あなたは、はじめて縄とびの二重とびができるようになり、喜んでいます。
それを聞いた人は、うすっぺらい反応を返してみましょう。
となりの人とジャンケン。勝った人は、二重とびができた人です。
終わったら交替しましょう。

二重とびができたんだ！

ふ〜ん、今さら？

やってみて、どう思いましたか？

うれしさが半分になったような気がしました。

❷いい反応を返す

今度は、大げさなくらいにいい反応を返してあげましょう。

二重とびができたんだ！

やった、すごいね！　おめでとう！

代表してできる人はいますか？　（挙手・指名）
（2〜3人　活動後）
やってみて、感じたことはありますか？

やっぱり、ほめられるとうれしいなと思いました。

ADVICE! ほかに、「漢字テストで100点とったんだ」「さかあがりができるようになったんだ」などでも行ってみましょう。

Chapter 2　人との関わりに関するあそび　57

相互理解・寛容を学ぶあそび③

37 北風と太陽
2つの言い方をくらべよう！

❶きつい言い方をする

 自分の席に、ほかの人が座っています。2通りの言い方を表現しましょう。
まずは、きつい言い方でどいてもらいましょう。
ジャンケンで負けた人は立ちます。
勝った人は、相手の席へ座ります。

 そこ、どけよ。俺の席だぞ！

 うるさいな〜。
そんな言い方しなくたっていいだろ！

❷やさしく伝える

 今度は、
やさしく伝えましょう。

 そこ、僕の席なんだ。
悪いけど、どいてくれるかな？

 うん。
勝手に座ってしまってごめんね。

 代表してできる人はいますか？
（挙手・指名）
（2〜3人　活動後）
どちらが伝わりますか？

 やさしく言われると、移動してあげなくちゃ、
という気持ちになりました。

 言い方に気を付けようと思いました。

ADVICE！　イソップ物語「北風と太陽」の話を読み聞かせてからやると、さらに効果的でしょう。

58

相互理解・寛容を学ぶあそび④

38 好きなもの見つけランキング
好きなものを見つけ合おう！

❶「はい」と言える質問を出す

1分間、となりの子に質問をします。
質問された人は、「はい」か「いいえ」で答えます。
「はい」を引き出した数をかぞえます。
5個以上で合格。クラス最高の数を目指しましょう。
となりの人とジャンケンして、勝った人が質問をします。

スポーツは好きですか？

はい、好きです。

甘いおやつは好きですか？

いいえ、あまり……。

うどんは好きですか？
はい、好きです
犬は好きですか？
いいえ

❷ 1分間で終了する

そこまで。
いくつ「はい」を見つけられましたか？
3つの人？　4つの人？　5つの人？
それ以上の人？　（挙手）
やってみて、気付いたことはありますか？

自分のことをいろいろと質問されるのは、
うれしいなと思いました。

友だちに、もっといろいろなことを
質問してみたくなりました。

「はい」を
7つ見つけたよ！

ADVICE!　質問のテーマを、ほかに「好きな食べ物」「好きな動物」「好きなおやつ」などにして行ってみるといいでしょう。

相互理解・寛容を学ぶあそび⑤

2つの聴き方
良い聴き方って、どんなだろう?

❶悪い聴き方をする

悪い聴き方って、どんなのかな?
例えば、「腕組みする」「無視する」がありますね。
となりの人とジャンケンして、負けたほうが昨日の出来事を話します。
勝ったほうが、悪い聴き方で話を聴いてみましょう。

 昨日、家に帰ってからね。　　……。

 塾に行ったんだけど……。　　……。

 やってみて、どんな気持ちになりましたか?

 悪い聴き方をされると、悲しくなりました。

❷良い聴き方をする

良い聴き方とは、どのような聴き方でしょうか?
例えば、「目を見て話を聴く」「うなずく」がありますね。
今度は、良い聴き方で聴いてみましょう。

 昨日、家に帰ってからね。　　うん。

 塾に行ったんだけどね。　 何があったの?

 違いはありましたか?

 良い聴き方で聴いてもらうと、安心することができました。

ADVICE!　「聴く」という漢字には、「目と耳と心」が入っています。言葉の成り立ちから、聴き方を考えさせるといいでしょう。

60

相互理解・寛容を学ぶあそび⑥

40 ほめオニごっこ
返すときの言葉を考えよう！

❶ 班でほめオニごっこをする

班の中で、だれかをほめます。ほめられた人が、オニになります。
1分たったところで、オニになっている人がアウトです。始め。

Aさんは、
いつも挨拶の声が大きいね！

Bさんは、力持ちだね。

Cくんは、
音読の声がきれいだね。

Dくんは……。

そこまで〜！

ああ……。

❷ クラス全体でほめオニごっこをする

今度はクラス全体でやってみましょう。先生から始めますね。
Eくんは、掃除を丁寧にがんばっています。

（中略）

Fさんは、
トイレのスリッパを並べていました。

Gさんは……。

そこまで！ Fさんアウト！ （2〜3回　活動後）
やってみて、感じたことはありますか？

自分のいいところを言われて、
うれしい気持ちになりました。

ADVICE! 「クラス半分対抗戦」「班対抗戦」など、チーム戦にするのも盛り上がります。敵チームのだれかをほめることで対戦します。

Chapter 2　人との関わりに関するあそび　61

COLUMN 3

ゆさぶり発問

　道徳科の話し合い活動は、本来はオープンエンドで、結論を出さずに終えるものです。しかし、自分の考えをまとめさせるために、次のような「ゆさぶり発問」をはさむと効果的です。

　「どんなときでも〜〜しないといけないのかな？」

　「もし、〜〜の立場ならどうする？」

　「もし、〜〜をやり続けると、どうなるだろうか？」

　例えば、やさしくなりたいと思っている女の子が、友だちに「鞄を持って」と言われ、持ったとします。そして、「鞄を持った女の子が、やさしくなれたかどうか」について話し合います。

　「やさしくなれた派」は、「人のために行動しているのはやさしい」と言います。

　「やさしくなれていない派」は、「無理して人のために動くことは、やさしくない」と言います。

　十分に議論を深めた後、「やさしくなれた派」には、「もし、ほかの子からも次から次へと鞄を持たされたらどうだろう？」と問いかけます。

　「どんどん重くなる……」

　「最後には、歩けなくなっちゃうね。これって、やさしい？」

　これで、「やさしくなれた派」の子どもたちは、頭をひねります。

　「やさしくなれていない派」には、「どんなときでも断るべきなのかな？例えば、相手がケガをしている場合ならどう？」と問いかけます。

　「いや、ケガをしているのだったら、やさしい」

　「どうして今回は、やさしくないの？」

　「だって、今回の相手は、元気そうだから」

　「じゃあ、本当のやさしさって、何だろうね？」

　このように「ゆさぶり発問」を投げかけることで、道徳的な価値の深まりをねらっていくのです。効果的な発問で、子どもたちの思考をさらに掘り下げられるようにしましょう。

Chapter
3

集団や社会との関わりに関するあそび

・・・

徳目

「規則の尊重」
「公正、公平、社会正義」
「勤労、公共の精神」
「家族愛、家庭生活の充実」
「よりよい学校生活、集団生活の充実」
「伝統と文化の尊重、国や郷土を愛する態度」
「国際理解、国際親善」

集団や社会との関わりについて
考えるあそびを紹介します。

規則の尊重を学ぶあそび①

自分勝手な授業態度
ルールは何のためにある？

❶自分勝手に授業を受ける

今から30秒間、自由にしてみましょう。
ふつうに授業をしますが、できるだけ自分勝手にふるまってみましょう。

 消しゴムも〜らった！　　 返せよ！

 あ〜あ、トイレ行ってこようっと。　　 やめろよー！

 そこまで。やってみて、どんな気持ちになりましたか？

 みんなが自分勝手にしていると、何だかクラスがぐちゃぐちゃになりました。

 嫌な気持ちになりました。

❷ルールを守って行動する

 では、今度はルールを守って行動してみましょう。（活動後）
みんなが守らなければいけないルールには、どんなものがありますか？

 廊下を走らない。　　 人のものを勝手に取らない。

 時間を守る。

 これらのルールは、何のためにあるのでしょう？

 みんなが気持ちよく過ごすためにあるんだと思います！

ADVICE！　「自分勝手な行動」は、長時間やらず30秒程度にとどめ、ヒートアップしないように気を付けましょう。

64

規則の尊重を学ぶあそび②

42 ねえ、昨日テレビ見た？
授業中にザワザワザワ！

❶授業中に話しかける

授業中に話しかけられたら、あなたは、どうしますか？
ジャンケンで勝った人が、小さな声で「ねえ」と話しかけます。
負けた人は、それにつられてしゃべりましょう。

　ねえ、昨日テレビ見た？　　　見た見た！おもしろかったよね！

　やってみて、どう感じましたか？

　みんなが話し出すと、すごくうるさかったです。

❷たしなめられたら黙る

　今度は、たしなめられると、すぐに黙ってみましょう。

　ねえ、昨日テレビ見た？　　　後で聞くから我慢してね。

　分かった……。

　今のは、どうでしたか？

　とても静かでした。

　自分１人ならいいと思うことも、みんながやるとたいへんなことになるんだと思いました。

ADVICE! 「自分１人くらい、ルールを破ってもいいんじゃない？」と思っている子がいます。そういう子に、気付きを促しましょう。教師は、授業をやっているふりをして、授業中であることの臨場感を出しましょう。

Chapter 3　集団や社会との関わりに関するあそび　65

規則の尊重を学ぶあそび③

43 順番抜かし
抜かされると、どんな気持ち？

❶順番抜かしをする

今からプリントを配ります。ほしい人？　（挙手・5人を指名）
順番を抜かして取りにきてみましょう。

イエーイ！
1番！

何よ！
抜かさないで！

ふーんだ。

やめ！　どんな気持ちになりましたか？

Aくん、ずるいって思いました。

怒られて、悲しい気持ちになりました。

❷きちんと並ぶ

今度は、きちんと整列してみましょう。

はい、どうぞ。

お先にどうぞ。

やってみて、どう思いましたか？

順番に並ぶと、みんなが気持ちよく過ごせるので、
大切なルールだと思いました。

ADVICE！　順番抜かしの動きは、みんなでやると危ないので、代表者だけがやるようにします。

規則の尊重を学ぶあそび④

44 大声図書室
声が響く中で本は読める?

❶大声が響く中で読書する

図書室でのルールとは何でしょうか?
では、どうして静かにしなければいけないのでしょうか?
ジャンケンをして、負けた人は読書をします。
勝った人は、大声で騒いでみましょう。

あははは!

今度は交替してみましょう。

わっはっは!

やってみて、どうでしたか?

本が、読みにくかったです。

❷静かな中で読んでみる

次は、全員静かに読みます。

　……。　　……。

気付いたことを、発表しましょう。

他の人が声を出していると、読んでいる本に
集中できなくなることが分かりました。

読んでいる人のための
マナーなのだと分かりました。

ADVICE!　公共のマナーとして、静かに過ごすことの大切さを伝えましょう。

規則の尊重を学ぶあそび⑤

45 忍者タイム
静かに行動、忍者のように！

❶静かに行動する

今から、忍者タイムです。
音を出さず、そーっと行動します。
立ちましょう。おっと、1班、そーっと椅子を入れている。忍者ポイント追加！

……。

3班は、
声を出さずにノートを集めている。
1ポイント。

❷活動を指定する

班でプリントを回収します。
ササッと集められる2班に1ポイント！

……。

音を出さなかったら、
どんないいことがありましたか？

集中することができました。

真剣にやることができました。

「授業中は静かにする」というルールは、
何のためにあるのかな？

みんなが一生懸命勉強を
がんばるためにあるのだと思います。

ADVICE! 様々な活動をする中で、静かに集中して行動することのよさを体感させられるようにしましょう。

68

規則の尊重を学ぶあそび⑥

46 切り替え2秒
切り替えを素早くテキパキと！

❶モードを切り替えてみる

あそびモードから真剣モードに切り替えます。
まずは、切り替え10秒から。
あそびモード、始め！

 あははは……。

 あははは……。

 やめ！

❷だんだん短くしていく

 次は、切り替え5秒です。

 あははは……。

 やめ！　早い！　最後は1秒39、合格！

❸ふりかえる

 やってみて、
考えたことはありますか？

 パッと切り替えられると、
気持ちがよかったです。

 もし、これくらい早く切り替えられたら、
時間を大切に使うことができるなと思いました。

ADVICE！ 普段の授業でも、「切り替え2秒！　1、2！」と始めれば、雰囲気が引き締まります。

Chapter 3　集団や社会との関わりに関するあそび

公正・公平・社会正義を学ぶあそび①

47 態度チェンジ
みんなで一緒におしゃべりしよう！

❶不平等なやりとりについて考える

席替えをして、ワン太とニャン子がとなりの席になりました。
ワン太は言いました。
🐶「何だ、君かよ」
ワン太のとなりがコン助になりました。
🐱「やったあ、うれしいなあ！」
ワン太に、言ってあげたいことはありますか。

人によって態度を変えるのは、
よくないと思うよ。

❷だれにでも平等に接する

では、ワン太の代わりに、セリフを言える人はいますか？　（挙手・指名）
Aくん。
ワン太のとなりにニャン子が座りました。

仲良くしようね！

ワン太のとなりにコン助が座りました。

いっぱいあそぼうね！

（2〜3人　活動後）
やってみて、気付いたことはありますか？

人によって態度を変えることは、
よくないなと思いました。

仲の良さに違いがあるのは仕方がないけれど、
表に出すと、相手を傷つけてしまうことがあると感じました。

ADVICE！　席替えの際には、「この間学んだ道徳のことを思い出すんだよ」と声かけするといいでしょう。

公正・公平・社会正義を学ぶあそび②

48 あの子としゃべったら絶交よ
友だちへの意地悪は許さない!

❶いじめの誘いをかけられる

ワン太とニャン子がしゃべっています。
　🐶「僕、コン助のことが嫌いなんだ」
　🐱「えっ?」
　🐶「コン助としゃべったら、絶交だからね」
　🐱「う、うん……」
みなさんがニャン子の立場なら、
どのように答えますか?

何があったのか、
聞いてあげるといいんじゃないかな?

❷理由を尋ねる勇気を出す

では、だれか前へ出てやってみてください。　(挙手・指名)
　🐶「コン助としゃべったら、絶交だからね」

コン助と何かあったの?

　🐶「うん。最近、
にらまれているような気がするんだよね」

それは、向こうも何か思っているのかも。
聞いてみるといいんじゃない?

　🐶「そうだね。そうしてみるよ」
(2～3人　活動後)
見ていて、気付いたことはありますか?

理由を尋ねる、という方法は思いつかなかったので、
いいなと思いました。

みんなと仲良くするために、勇気を出そうと思いました。

ADVICE!　解決策は、黒板に書き出していきます。「厳しく否定する」「無視する」「やさしく断る」など、様々な対応を考えさせましょう。

Chapter 3　集団や社会との関わりに関するあそび

公正・公平・社会正義を学ぶあそび③

49 傍観者からの脱却
見て見ぬふりから抜けだそう!

❶いじめへの対応を考える

ワン太がニャン子をいじめています。
みなさんは、どうすればいいでしょうか？ 行動してみてください。
🐶「や〜い。バーカ、バーカ」
🐱「やめてよ、やめてよ〜」

やめてあげなよ！

🐶「何だよ。おまえもいじめちゃうぞ！」
どう思いましたか？

1人だけが動いても、
変わらないような気がしました。

やめさせるには、
みんなで動けばいいんじゃないかな？

❷考えた対応を試してみる

🐶「や〜い。バーカ、バーカ」
🐱「やめてよ、やめてよ〜」

やめなよ！　先生に言うぞ！

ひどいよ！　やめてあげなよ！

🐶「う、うん……」
やってみて、考えたことはありますか？

はじめは見てみぬふりをしようとしていました。
でも、それは、いじめっ子と同じ立場になってしまうのではないかと感じました。
小さな声でも、あげることができれば、状況を変えられるのだと思いました。

ADVICE！　「先生に言う」「ほかの子に相談する」「家の人に伝える」など、様々な意見を取り上げるようにしましょう。

公正・公平・社会正義を学ぶあそび④

50 読み間違い
人の間違い、笑っていい?

❶ バカにする子に言う言葉を考える

国語の授業でのことです。はい、読んでくれる人は?　ニャン子さん。
🐱「はい。『これは、わ、わたしが小ささいときに、……』」
🐶「かっこ悪いね!　そんなことで間違えるなんて」
ワン太の言い方についてどう思うか、
となりの人と話し合いましょう。

あんな言い方をしたらダメだよね。

❷ 考えた言い方を試す

では、代表してワン太に
言いたいことがある人は?　（挙手・指名）

人の間違いを笑うなんて、ダメだよ。

🐶「別にいいじゃん。バカなんだから」

一生懸命やって、
間違えるのは仕方ないじゃないか。
ワン太だって、間違うことがあるでしょう?

🐶「う、うん……」
（3〜4人　活動後）
やってみて、気付いたことはありますか?

一生懸命がんばっている人を笑うのは、
よくないことだと思いました。

ADVICE!　「なわとびでひっかかる」「さかあがりができない」「ドッジボールで当てられた」「テストの点数を笑われた」などの状況を設定するのもいいでしょう。

Chapter 3　集団や社会との関わりに関するあそび

公正・公平・社会正義を学ぶあそび⑤

51 10秒席替え
みんなに等しく呼びかけよう！

❶ 10秒間で席替えをする

10秒間で席替えをします。
自分の席以外で、
空いているところに座ります。
全員座れたらOKです。始め。

わあ～！

いそがなくっちゃ！

はい、10秒。う～ん、何人か立っている人がいる。
うまくいきませんでしたね。どうすれば成功させられるでしょうか？

好きな人同士で座っているところがあるんだけれど、
そうじゃなくて、空いているところに座るようにすればいいと思います。

❷ もう一度席替えをする

では、もう一度席替えをします。
始め！

わあ～！

ここ、空いているよ！

はい、10秒。今回は、大成功！
やってみて、気付いたことはありますか？

ふだん仲良しかどうかに関係なく、
困っている人には呼びかけてあげるといいんだなと思いました。

ADVICE! 1回目の10秒席替えでは、複数人が立ったままで終わるように、早めに数えます。「1人だけ立ったままで終わっている」ような状況をつくらないようにしましょう。

公正・公平・社会正義を学ぶあそび⑥

52 赤い糸
安心な場を感じよう！

❶赤い糸をゆるい状態にする

班に1本、赤い糸の輪を配ります。
班で1人1か所ずつ持ち、左右に動かしてみましょう。動きますか？

どうやっても、動かせるよ！

自由に動くね！

自由に動くね！

それが、何ごともない、安心して
過ごすことのできるクラスの状態です。
自由に動いたり、
しゃべったりすることができます。

❷赤い糸をパンパンに張る

全員で糸を外側に引っ張り、
パンパンになるくらいにしてみましょう。
糸は自由に動かせますか？

動かない……

動かせないです。

動かそうと思っても、うまくできないよ。

それが、クラスにいじめのある状態です。
こうなると、みんなが落ち着かない状態になります。
自由に動いたり、しゃべったりすることが難しくなるのです。
何か思ったことはありますか？

パンパンの状態にならないようにするために、
いじめのないクラスをつくっていきたいと思いました。

ADVICE! 赤い糸の輪は、1本1mくらいがちょうどいい長さです。

Chapter 3　集団や社会との関わりに関するあそび

勤労・公共の精神を学ぶあそび

53 人のため付箋

人のために動いてみよう！

❶付箋に人のための行動を書く

付箋を3枚配ります。
何か人のために行動できたら、付箋に書きましょう。
7分間、行動してみましょう。始め。

「水筒を整えよう。」

「本をそろえてみよう。」

「消しゴムが落ちている！」

「ノートを配ろう。」

班に1枚、画用紙（四つ切り）を配付します。
そこへ、付箋を貼りつけましょう。

❷ふりかえる

やってみて、気付いたことはありますか？
班で話し合ってみましょう。

人のために動いて、「ありがとう」って
言われると、とてもうれしかったです。

もっと、人のために
何かがしたいと思いました。

ADVICE！ 　3枚書き終えた子が、さらに書くことができるよう、追加の付箋を教卓へ置いておきましょう。

家族愛・家庭生活の充実を学ぶあそび①

54 お醤油どうぞ
親しき仲にも礼儀あり！

❶お醤油をとってもらったのに、無視する

ジャンケンで負けた人は、おうちの方です。勝った人は、子どもです。
おうちの方は、子どものために、醤油を渡してあげましょう。
消しゴムが醤油です。子ども役は、黙ったままで応じましょう。

はい、お醤油。どうぞ。　　……。

そこまで。おうちの方は、
どんな気持ちになりましたか？

せっかく渡してあげているのに、
少し悲しい気持ちになりました。

はい、
どうぞ

………

❷お醤油をとってもらい、感謝する

今度は、子ども役の人は、感謝の気持ちを伝えてみましょう。
大げさなくらいにして伝えること。となりの人とジャンケン、始め。

はい、お醤油。どうぞ。

ありがとう！　助かるよ！

やってみて、気付いたことはありますか？

ふだんは照れくさくて、
家族にお礼を言うことはないけれど、
きちんと言うようにしようと思いました

自分も、家族のためにできることを
やらなくちゃいけないなと思いました

はい、
どうぞ

ありがとう！

ADVICE！ クラスの子どもたちの家庭環境に配慮した上で、状況を設定するようにしましょう。

家族愛・家庭生活の充実を学ぶあそび②

お仕事ビンゴ
自分にもできる仕事をやってみよう！

❶できるお手伝いを考える

みなさんのできるお手伝いには、どんなことがありますか？
発表してみましょう。

掃除です。

洗濯です。

皿洗いです。

食器運びです。

❷ビンゴ表を配る

空欄に仕事を書き込みましょう。できた仕事に丸をつけます。
今日から、1週間でビンゴをやります。
来週集めますので、どれだけできるのか、やってみましょう。

（1週間後）

3つビンゴになりました。

僕は4つビンゴ！

やってみて、
気付いたことはありますか？

お手伝いは、とっても楽しかったです。

おうちの人に喜んでもらえたので、
これからもがんばってみようと思いました。

ADVICE！ 1週間ではなく、週末の宿題として金曜日に宿題としてビンゴ表を配付し、月曜日に回収するのもいいでしょう。

家族愛・家庭生活の充実を学ぶあそび③

56 お仕事探し
家族のためにできることは？

❶ベン図を描く

紙に2つの円を重ねて描きます。
それぞれの円の上に、「家族」「自分」と書きましょう。
「家族」の円には、
自分以外の家族にしかできないことを書きます。
「自分」の円には、
自分にしかできないことを書きます。
円が重なっているところには、
「家族」「自分」のどちらもできる仕事を
書きます。

どんな仕事があるかなあ。

❷ペアで見せ合う

ペアで見せ合ってみましょう。

お風呂そうじは、僕にもできる仕事だよ。

買い物もできるね。

次は、黒板に意見をまとめていきます。
どんなお仕事がありましたか？
（活動後）気付いたことはありますか？

自分が家族のためにできる仕事も、
たくさんあるのだということが分かりました。

ADVICE！ 黒板に大きなベン図を描いてまとめると、書けない子への支援になります。

Chapter 3　集団や社会との関わりに関するあそび　79

よりよい学校生活・集団生活の充実を学ぶあそび①

逆片づけ

片づけしないと、どんな気持ちになるのかな？

❶汚い教室で過ごす

教室をゴミで散らかしましょう。
汚い教室にすると、どんな気持ちになるのか、体験してみましょう。

よし、
机を傾けてみよう。

このプリントを
床に置いておこう。

では、算数の問題を解いてみましょう。
どんな気持ちになりましたか？

勉強に集中できませんでした。

❷きれいな教室で過ごす

今度は、
教室をきれいにしてみましょう。

水筒を片づけよう。

机をまっすぐにしよう。

これで授業を受けてみましょう。
さて、どんな気持ちになりましたか。

勉強しやすかったです。

過ごしている環境というのは、
とても大事なのだと思いました。

ADVICE！ 廃棄予定のプリントなどを床に散らばらせておくと、ゴチャゴチャした雰囲気に仕上がります。

よりよい学校生活・集団生活の充実を学ぶあそび②

58 クラスの課題は？
クラスの課題を考えよう！

❶付箋と模造紙を配る

よりよいクラスをつくるために、クラスの課題を話し合いましょう。
今のクラスには、課題があります。その課題を付箋に書き出してみましょう。
（活動後）模造紙を配ります。縦が「大事かどうか？」、横が「いそぐかどうか？」を表しています。班長から時計回りに1枚ずつ貼っていきましょう。
どうしてそこに貼るのかも言いながら進めましょう。

僕は、教室にゴミが落ちているのが
課題だと思います。
なぜかというと、汚いところでは、
心が落ち着かないからです。

❷班の意見を発表する

班ごとに発表しましょう。
1班から順に、どうぞ。

僕たちの班では、
学級の課題は掃除にあると意見がまとまりました。

（全班発表後）それぞれの班から、
いろいろな課題が出ましたね。
どの課題から
取り組んでいくべきなのでしょうか？

まずは、意識して
片づけをすることから
始めていくといいのではないかと
思います。

ADVICE! 書いた模造紙は、壁面に掲示するなどして、行動をふりかえることができるようにしておきます。

国際理解を学ぶあそび

いろいろな国の言葉で挨拶
外国の人の挨拶を体験しよう！

❶いろいろな国の挨拶をペアで行う

 いろいろな国の挨拶を紹介します。
ジャマイカでは、グーとグーをぶつけます。これが、友情の印です。
チベットでは、ペロッと舌を出します。相手を敬う気持ちを表現しています。
日本や韓国では、丁寧な挨拶としてお辞儀をします。
となりの人と「さん、はい」で挨拶をしましょう。
相手と同じ挨拶になればOK。
1分で何回合わせられるかな？　さん、はい！

チベット

 ペロッ。

 同じだね！

ジャマイカ

日本・韓国

❷歩き回って挨拶をする

 今から歩き回って、「さん、はい」で挨拶をします。
相手と同じ挨拶になればOK。
2分間で、何人と合わせられるでしょうか？

 ペコッ。
さん、はい

 グー。

 ああ〜、ダメだ。

 そこまで。
やってみて、思ったことはありますか？

ああ〜、
ダメだ

 もっといろいろな国の挨拶の仕方が
知りたいと思いました。

ADVICE！　アメリカやヨーロッパでは、親しさを伝える挨拶として、ハグがあります。
また、インドでは、別れの挨拶として、両手を顎の下で合わせて会釈をします。ザンビアでは、お互いの親指を付けます。ギリシャでは、相手の背中をたたきます。いろいろな国のパターンでやってみるといいでしょう。

生命の尊さを学ぶあそび（生命や自然・崇高なものとの関わりに関するあそび）

60 命のはしご
命のつながりを感じよう！

❶命のはしごを組み立てる

 命のはしごをつくりましょう。紙を配ります。縦に使いましょう。
一番下に、小さな○を書きます。それが、あなた自身です。
上に○を２つつなげます。お父さんとお母さんです。何人ですか？

 2人です。

 そこからまた上へとつなげていきます。
おじいさんとおばあさん。
何人ですか？

 4人です。

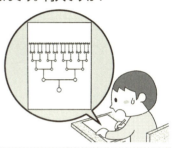

❷さらにはしごを伸ばしていく

 さらにその上は？　ひいおじいさんとひいおばあさん。
何人いますか？

 8人です。

 数字を見て、
気付くことはありますか？

 倍になっている！

 ということは、次は16、32、64……。

 この中のだれかが欠けたとしたら、
あなたはいないのです。何か思ったことはありますか？

 命って、つながっているんだなあと思いました。

ADVICE!　黒板に書くときは、扇型に横へ大きく広げていくと、かなり上の代まで書き続けることができます。

Chapter 3　集団や社会との関わりに関するあそび　83

COLUMN 4

議論で使える指名なし討論

40人近くの子どもたちを議論させるのは、簡単なことではありません。

1人1分間話したとすれば、それだけで授業時間のほとんどが終わってしまいます。

多くの意見を出し合うために、できる限り時間のロスをなくす必要があります。

そこでおすすめしたいのが、「指名なし討論」。

子どもたちは自由に立ち上がり、次々と自分の意見を述べていきます。

「私はAすべきだと思います。なぜかというと……」

「私は、さっきのBさんの意見に反対です。なぜなら……」

「必ずしも、そうとは言えないと思います。だって……」

このように、自分の発表したいタイミングで立ち上がり、議論を続けていくのです。

これならば「指名→答える」の時間のロスがありません。

しかも、間で教師はほとんど口をはさみません。

教師は、黒板に子どもの考えを書き連ねていきます。子どもの話の論点がずれているときは、「話を元に戻しましょう」と軌道修正を図ります。

考えてみれば、私たちが日常で話し合うときは、いちいち指名されるようなことはありません。思ったことを、即座に話し合うものでしょう。そういう点から見ても、指名なし討論とは、自然な話し合いのかたちに近いと言うことができます。

たいへん魅力的な授業スタイルではありますが、なかなかいきなりはできません。ある程度の練習が必要です。しかし、ステップさえふめば、確実にできるようになります。

次のChapter 4には、この指名なし討論に進めるまでの10のステップを掲載しています。指名なし討論で、議論する道徳科の授業をつくってみましょう!

84

Chapter

4

議論する
授業をつくる
あそび

:
:

議論する道徳科の授業は、こうしてつくる！
指名なし討論のステップのためのあそびを10点、
モラルジレンマ学習のためのあそびを5点、
話し合いのスキル練習のためのあそびを
5点紹介します。

指名なし討論へのステップとしてのあそび①

班で数字かぞえ
班で数字をかぞえよう！

❶班の中で順番かぞえをする

 班の中で1から順に10までかぞえます。
順番を決めずに、自由に立ち上がって数を言いましょう。
ほかの人と重なってしまったら、もう一度1から始めます。

 1！　　 2！

 3！　　 4！

 うまくやるためのコツはありますか？

 お互いの目を見合いながらやると
うまくいきました。

❷2分間でいくつまでできるか挑戦する

 できるようになった班は、
どこまでできるかやってみましょう。

 11！　　 12！

 13！　　 13！　あっ！

 どこまでできましたか？

 21までできました！

 私たちは32！

ADVICE!　　輪番で回していこうとする班には、注意を促しましょう。

86

指名なし討論へのステップとしてのあそび②

62 班で指名なし音読
班で指名されずに音読しよう！

❶班の中で詩を1行ずつ読む

班の中で詩を1行ずつ読んでいきます。
ほかの人と重なってしまったら、もう一度はじめから読みます。

「わたしが両手をひろげても、」　「お空はちっともとべないが、」

「とべる小鳥はわたしのように、」

うまくできた班は、
気を付けたことはありますか？

立つ意志を周りに目で送ると
いいと思いました。

❷2分間でいくつまで発表できるか挑戦する

それでは、もう一度やってみましょう。

「すずと、小鳥と、」

「それからわたし、」

「それから……あっ」

最後までできた班はありますか？

は〜い！

ADVICE!　急ぐあまり、中途半端に立ち上がって読む子がいます。きちんと起立するよう教えましょう。

Chapter 4　議論する授業をつくるあそび　87

指名なし討論へのステップとしてのあそび③

63 班で指名なし発表
班で指名されずに発表しよう！

❶班の中で意見を発表する

 赤いものといえば何でしょう。班の中で指名なしで発表をします。
順番は決めず、自由に立ち上がって発表しましょう。

 トマトです。　 リンゴです。

 イチゴです。　 車です。

 3班が上手ですね！　見本をやってください。
（見本を見る）どこがいいのか、分かりますか？

 きちんと立ち上がって話しています。

❷1分間で何回発表できたかをかぞえる

 では、次は、班長が発表した回数をかぞえておいてください。
1分間で何回発表できるでしょうか？
丸いものといえば何でしょう？

 おもちです。　 ボールです。

 タイヤです。　 時計です。

 1班は何回発表できましたか？
（全班聞いてから）
優勝は4班でした。拍手〜！

ADVICE!　「青いもの」「三角のもの」「スポーツ」などの答えが考えやすいテーマがいいでしょう。また、かぞえるときは、指を折っていくか、紙に正の字を書くようにします。

指名なし討論へのステップとしてのあそび④

64 号車対抗指名なし音読
号車で指名されずに音読しよう！

❶号車ごとに音読する

1号車から順に1人が1行ずつ読んでいきます。
ほかの人と重なったり、5秒間だれも言わなかったりしたらアウトです。

「わたしが両手をひろげても、」

「お空はちっともとべないが、」

「とべる小鳥はわたしのように、」

「地面をはやくは走れない。」

❷ポイント制で勝負する

ここから、ポイント制にします。
アウトになると、ほかの号車に1ポイントずつ入ります。

「わたしが両手をひろげても、」

「お空は」　「お空は」

ブブー！　3号車、アウト！
1、2、4号車に1ポイント！
（活動後）
優勝は3号車でした。拍手〜！

ADVICE！　詩や文章を最後まで読み終えたら、もう一度はじめから。文章の場合は、1文ずつ読むようにします。だいたい1人1回発表したあたりのキリよいところで終了します。

指名なし討論へのステップとしてのあそび⑤

65 号車対抗指名なし発表
号車で指名されずに発表しよう！

❶号車ごとに意見を発表する

1号車から順に1人ずつ発表をします。
ほかの人と重なったり5秒間だれも発表する人がいなかったりしたらアウトです。
大きいものといえば何でしょう？

 ゾウです。

 おすもうさんです。

 トラックです。

1号車 → 2号車 → 3号車 → 4号車

❷ポイント制で勝負する

ここから、ポイント制にします。
アウトになると、ほかの号車に1ポイントが入ります。
辛いものといえば何でしょう？

 タバスコです。　 辛子です。

 キムチです。　 カレーです……あっ！

はい、重なりました。
2号車、アウト！
1、3、4号車に1ポイント！
（活動後）
優勝は1号車でした。
拍手〜！

ADVICE！　しりとりにすると聞き取らなくてはいけないので、難易度がさらに上がります。

90

指名なし討論へのステップとしてのあそび⑥

66 半分対抗指名なし音読
教室半分で指名されずに音読しよう！

❶教室の半分ずつ音読する

教室を半分に分け、廊下側チームと窓側チームで交互に指名なしで音読します。ほかの人と重なったり、5秒間だれも音読しなかったりするとアウトです。

「わたしが両手をひろげても、」

「お空はちっともとべないが、」

「とべる小鳥はわたしのように、」

「地面をはやくは走れない。」

❷ポイント制で勝負する

ここから、ポイント制にします。
失敗すると、
相手側に1ポイントが入ります。

「わたしが両手をひろげても、」

「お空は」

「お空は」……しまった！

はい、廊下側に1ポイント！
（活動後）どうすれば失敗せずにできそうですか？

お互いをよく見ることが大切だと思います。

ADVICE！ 同じ子が立ち上がることが続く場合は、「発表するのは2回まで」など、回数を指定するといいでしょう。

Chapter 4 議論する授業をつくるあそび 91

指名なし討論へのステップとしてのあそび⑦

67 半分対抗指名なし発表
教室半分で指名されずに発表しよう！

❶教室の半分ずつ意見を発表する

教室を半分に分け、廊下側チームと窓側チームで交互に指名なし発表をします。
ほかの人と重なったり、5秒間だれも言わなかったりしたらアウトです。
細長いものといえば何でしょう？

 ストローです。

 ニンジンです。

 竹です。

 ゴボウです。

❷ポイント制で勝負する

ここから、ポイント制にします。
失敗すると、相手側に1ポイントが入ります。
白いものといえば何でしょう？

 大根です。　　 紙です。

 壁です。　　 ……。

5秒経過！
廊下側チームはだれも立たなかったので、
窓側チームに1ポイント！
うまく進めるポイントは何ですか？

 譲り合いが大切だと思いました。

ADVICE! 　ここまでくると、もう指名なし発表ができるようになってきています。普段の授業にも指名なし発表を取り入れてみましょう。

指名なし討論へのステップとしてのあそび⑧

68 指名なし発表タイムアタック
できるだけ早く指名なし発表をしよう！

❶クラス全体で指名なし発表をする

全員で指名なし発表をします。
どれくらい早くできるでしょうか？
ほかの人と重なって言ってしまったときは、もう一度言い直しましょう。
テーマは、好きな食べ物です。時間を計りますよ。始め！

 ケーキです。　　 チョコレートです。

 たい焼きです。　 マシュマロです。

 1分50秒。
どうすれば、もっと早く
できるようになるでしょうか？

 重ならないように、タイミングを
見計らうことが大切だと思います。

❷早さを意識して、指名なし発表をする

 では、次のテーマは、苦手な食べ物です。
始め！

 ゴーヤーです。　 ピーマンです。

 ニンジンです。　 もずくです。

 1分32秒！
すごく早くなりましたね！

ADVICE! このあそびをしておくと、立ったままモジモジして順番を待つような状況はなくなります。一方で、いそぐあまり、発表の仕方が雑になりがちです。きちんと立って発表するように指導しましょう。

Chapter 4　議論する授業をつくるあそび　93

指名なし討論へのステップとしてのあそび⑨

指名なし発表
指名なしで自分の考えを発表しよう！

❶自分の考えを書き、発表する

（「手品師」中断読み）手品師は、男の子のところか、大劇場か、どちらへ行くべきでしょうか？
自分は、どのような意見なのか、考えを書きましょう。
（5分後）指名なしで発表しましょう。
大劇場へ行く立場の人から、どうぞ。

僕は、大劇場へ行くべきだと思います。
なぜかというと、
それが彼の追い続けていた夢だからです。

僕も、Aくんの意見に付け足しで、
ずっと憧れていたチャンスなのだから、
それをつかむべきだと思います。

❷反対側が意見を述べる

続いて、
男の子のところへ行く立場の人、どうぞ。

私は、男の子のところへ行くべきだと思います。
なぜなら、約束したからです。

私も、
男の子のところへ行くべきだと思います。
たった1人でも、お客さんであることに、
変わりはないからです。

ADVICE! 意見は、箇条書きで3つ以上書けるようにします。長く書くより、多く書く。そのほうが、意見が活発に交わされるようになります。人数の少ない側から意見を発表するようにします。発言が少ないときは、「まだ発表していない人は、立ちます。自分の考えを話したら座ります」と指示するといいでしょう。

指名なし討論へのステップとしてのあそび⑩

70 指名なし討論
指名なしで討論しよう！

❶お互いに意見を伝え合う (あそび69の続き)

 では、ここからは、自由に話し合います。
Bくんから、どうぞ。

 僕はCくんの意見に反対です。
いくら夢であったとしても、目の前の
子どもを不幸にしてはいけないと思います。

 Bくんの意見についてですが、子どもとの約束は、
また後日に果たしてあげればいいと思います。
子ども1人に手品をしてあげられるチャンスはいくらでもありますが、
大劇場でやるチャンスは、もしかすると、もうないかもしれないからです。

❷次々に意見を伝え合う

 さっき、チャンスはもうない、という意見がありました。
そんなことはありません。
きっとまた、大劇場でやるチャンスはやってくるはずです。
そのときにがんばればいいのです。

 そんなことはありません。
自分の可能性を広げるためには、
少しばかりの犠牲も
必要なのではないでしょうか。

 （活動後）
ここまで話し合って自分で考えたことを
まとめましょう。

 どちらの考えも、間違っていないと思います。
でも、私なら、やっぱり子どものところへ向かうと思います。
先にしていた約束を、大切にしたいからです。

ADVICE! 教師は黒板に、双方の意見を書き留め、全体の意見を整理していきます。反対意見は黄色、さらにそれに反対する意見は赤などと決めておけば分かりやすい板書になります。また、発言者が偏ってしまうときは、「ここから3分間は、3回より多く話した人は発表しないでください」とすると、発表が少ない子にもチャンスが行き渡るようになります。

Chapter 4　議論する授業をつくるあそび　95

モラルジレンマ学習のウォーミングアップとしてのあそび①

10円玉を拾ったら？
届ける？　それとも、置いておく？

❶自分の考えを発表する

道を歩いていて、10円玉を拾いました。
もし自分なら、交番に届けるべきでしょうか？
それとも、目立つところに置いておくべきでしょうか？

もし自分なら、交番に届けます。
なぜかというと、そうすれば、
落とした人も見つけられるからです。

もし自分なら、
目立つところに置いておきます。
どうしてかというと、
ふつう物をなくしたときは、
通った道を確認するからです。

❷お互いに意見を交わし合う

僕は、置いておくという意見に反対です。
落とした人は交番に向かうはずだから、交番に届けるべきだと思います。

それはおかしいと思います。わざわざ交番に届けるような金額でもないし、
届けても、持ち主は現れないからです。

（活動後）
話し合った感想を書きましょう。
話し合って、気付いたことはありますか？

交番に届けるのは、
時間がもったいないと考えていました。
でも、話し合ってみると、
届け出ることにも意味があるなと
思いました。

ADVICE！　ゆさぶり発問として、ほかに「もし1円玉でも届けますか？」「財布が落ちていたなら、どうだろう？」などがあります。また、「持って帰る」という意見が出たときは、三択にしましょう。

モラルジレンマ学習のウォーミングアップとしてのあそび②

72 大人の人が倒れている！
助ける？　それとも、放っておく？

❶自分の考えを発表する

道を歩いていると、大人の人が倒れています。
まわりを見渡しても、だれもいません。
声をかけるべきでしょうか？
それとも、無視するべきでしょうか？

声をかけるべきです。
つらい思いをしている人を、
放っておくのはいけないです。

僕なら、無視します。
もしかすると、こわい人かも
しれないからです。

❷お互いに意見を交わし合う

ここから、
自由に話し合いましょう。

無視する人に反対です。
確かに、こわい人かもしれませんが、今は苦しんでいるのですから、
声をかけても大丈夫のはずです。

知らない大人の人と話してはいけないって、
うちのお母さんが言っていました。
だから、ダメだと思います。

（活動後）
話し合って、気付いたことはありますか？

困っている人に声をかけるのは、
当然のことだと思っていました。
ただ、こわい人である可能性もある
ということを考えておかなくては
いけないと気付きました。

ADVICE!　ゆさぶり発問として、ほかに「もし血を流していたらどう？」「もしやさしそうな人だとすれば、どうだろう？」などがあります。

モラルジレンマ学習のウォーミングアップとしてのあそび③

音楽会の練習で
伝える？　それとも、何も言わない？

❶自分の考えを発表する

音楽会の練習をしているのに、みんながふざけています。
先生はいません。でも、声をあげると、
嫌われるかもしれません。声をかけるべきでしょうか？
黙っているべきでしょうか？

「きちんと練習しようよ」と
声をかけるべきだと思います。
話して分かってくれないようなら、
仲良くしなければいいだけの話だからです。

何も言わずに過ごすべきだと思います。
なぜかというと、いい子ぶって
いるんじゃないぞ、などと思われて、
嫌われてしまうような気がするからです。

❷お互いに意見を交わし合う

ここから、自由に話し合いましょう。

嫌われるから言わないという意見に反対です。
言い方が問題なのだと思います。やさしく、
伝わる言い方をすれば、問題ありません。

どんな言い方をしたって、みんなに
命令していることになるのではないですか。

（活動後）
話し合って、気付いたことはありますか？

今まで、声をあげることはこわいと思っていたけれど、
全体に対して言えなくても、近くの人に協力をお願いするとか、
そういうことならばできると思いました。

ADVICE！　ゆさぶり発問として、ほかに「相手がとってもこわい相手でも、伝えるかな？」「もし本当に声をあげる人がいたとして、自分なら嫌いになるかな？」などがあります。

モラルジレンマ学習のウォーミングアップとしてのあそび④

74 友だちのなくし物、探す？
帰る？ それとも、一緒に探す？

❶自分の考えを発表する

下校時刻は過ぎているけれど、
友だちが帽子をなくして困っています。
一緒に探してあげるべきでしょうか？
それとも、下校時刻を守るべきでしょうか？

下校時刻を守るべきだと思います。
どうしてかというと、帰るのが遅いと、
家の人が心配するからです。

僕は、一緒に探してあげるのがいいと考えました。
なぜなら、もし自分がなくしてしまったときに、
探してくれる人がいると、心強いからです。

❷お互いに意見を交わし合う

ここから、自由に話し合いましょう。

私は、帰ったほうがいいと思います。
明日一緒に探すことを約束しておけばいいからです。

でも、その日や次の日は、
帽子をかぶらずに過ごすことになります。
それはよくないんじゃないかな？

（活動後）
話し合って、気付いたことはありますか？

時間は守るべきです。
でも、友だちも大切です。
一言声をかけてから帰るのが、
一番いいのではないかと思いました。

ADVICE! ゆさぶり発問として、ほかに「もしなくした人の立場なら、友だちにどうしてもらいたいかな？」「相手が何度もなくしている子だとしても、探してあげるかな？」などがあります。

モラルジレンマ学習のウォーミングアップとしてのあそび⑤

75 これ、おいしい？
嘘をつく？　それとも、正直に言う？

❶自分の考えを発表する

嘘はいけないことです。では、このような場合はどうでしょうか？
友だちがクッキーを作ってきてくれました。
しかし、あまりおいしくありません。
友だちは、「これ、おいしい？」と尋ねてきました。
嘘をつくべきでしょうか？
それとも、正直に言うべきでしょうか？

正直に言うべきだと思います。
なぜなら、何回もおいしくない
クッキーを食べたくないからです。

嘘をつくべきです。なぜかというと、
せっかく作ってきてくれたのに、
否定するのはかわいそうだからです。

❷お互いに意見を交わし合う

ここから、自由に話し合いましょう。

嘘はよくないと思います。
どこかから嘘がばれると、
よけいに傷つけてしまうことになります。

それでも、正直に伝えると、
相手を傷つけてしまうことになります。

（活動後）
話し合って、どう考えましたか？

傷つける言い方は、相手のことを思うとよくないです。
でも、アドバイスをするように言うといいのかなと思いました。

ADVICE!　ゆさぶり発問として、ほかに「作った人が何時間もかけて作ってくれたのを知っていても『おいしくない』と伝えるのかな？」「『明日も作るね』と言われたとしたら、どうする？」などがあります。

議論を盛り上げるトレーニングとしてのあそび①

76 はい&なぜですか?
理由をつけて伝えよう!

❶好きな食べ物の理由を尋ねる

ジャンケンで勝った人が、好きな食べ物を聞きます。
負けた人の答えに、さらに「それはなぜですか?」と尋ねましょう。
5秒以内に答えられなければアウトです。終わったら交替しましょう。

 ラーメンは好きですか?

 はい。

 それはなぜですか?

 いい香りがするからです。

❷相手を変えて取り組む

 今度は、前後の人と勝負しましょう。

 ゴーヤーチャンプルーは好きですか? いいえ。

 それはなぜですか? えっと……負けた!

 やってみて、気付いたことはありますか?

 理由を話すのは、結構難しいなと思いました。

 自分の意見を言うときには、今やったように、理由をつけて話せるようになれるといいですね。

ADVICE! 制限時間は2分ほど。「あっち向いてほい」のような要領でやれるといいでしょう。

Chapter 4 議論する授業をつくるあそび 101

議論を盛り上げるトレーニングとしてのあそび②

77 エンドレスなぜなぜ
質問の仕方を覚えよう！

❶好きな食べ物を聞く

ジャンケンで勝った人が、好きな食べ物を聞きます。その後、「なぜ」を5回尋ねます。5秒以内に答えられなければアウトです。終わったら交替しましょう。

うどんは好きですか？

はい、好きです。

なぜ好きなのですか？

長くておいしいからです。

❷理由を5回続けて尋ねる

なぜ
長いのが好きなのですか？

のどごしが
さわやかだからです。

なぜ
さわやかなのが好きなのですか？

気持ちが
スッキリするからです。

なぜ
スッキリするのですか？

冷たいからです。

（交替して活動後）
やってみて、どう感じましたか？

理由を尋ね続けられると、
答えるのが難しかったです。

これは、質問する練習なのです。議論では、「どうしてそう言えるのか？」「なぜそう思ったのか？」と、理由を尋ねると深い話し合いになります。

ADVICE！　回数を忘れてしまう子には、指を折ってかぞえるように伝えるといいでしょう。

議論を盛り上げるトレーニングとしてのあそび③

78 確かに、でもね
受け止めてから反論しよう！

❶反対意見を伝える

話し合いをします。相手の考えに対して、
「確かに〜〜だね。でも〜〜」というように反論しましょう。
ジャンケンで勝った人から、「飼うなら犬より猫だよね」と言います。

飼うなら、犬より猫だよね。

確かに、猫は目がかわいいね。
でも、犬も仕草がかわいいよ。

飼うなら、犬より猫だよね

確かに、猫は目がかわいいね。でも、犬も仕草がかわいいよ

❷反対意見で勝負する

確かに、犬の仕草はたまらないね。
でも、猫も手で顔をかくんだよ。

確かに、猫の顔をかく動きはいいね。
でも、犬はシッポで気持ちを
表すことができるんだよ。

（中略）

確かに……負けた！

はい、そこまでにします。勝てた人はいますか？
（挙手）話し合いをするときは、
はじめから否定するのではなく、
今のように相手の考えを一度受け止めて
あげられるといいですね。

確かに、犬の仕草はたまらないね。でも、猫も手で顔をかくんだよ

確かに……
負けた！

ADVICE！ テーマ例は、ほかに「○年生にシャープペンシルは必要だ」「めだまやきには何をかける？」「宿題はあったほうがいい？」「大人と子ども、どっちが得？」などがあります。

Chapter 4　議論する授業をつくるあそび　103

議論を盛り上げるトレーニングとしてのあそび④

話は変わりますが
話題をガラリと変えてしまおう！

❶話を変える

ジャンケンで勝った人から、今日の天気について話します。
負けた人は、「話は変わりますが」と言って、まったく違う話をします。
話がつながってしまうとアウトです。

今日は雨ですね。

話は変わりますが、
昨日は買い物に行きました。

話は変わりますが、
チョコレートはおいしいよね。

うん、
おいしい……あ！

❷代表者が勝負する

絶対に負けない自信のある人はいますか？
（挙手・指名）では、AくんとBさん。

昨日は髪を切りに行きました。

話は変わりますが、
野球っておもしろいですよね。

話は変わりますが、
先生ってかわいいよね。

いや、そんなことは……。
しまった！

すごい！　2人に拍手！
話し合いが長引いてしまうときなどには、今のように「話は変わりますが」と伝えて、それから新しい話し合いを始めるといいですね。

ADVICE！　会話はじめの言葉は、「今日の昼ご飯について」「飼ってみたいペット」「一度行ってみたい場所」など、簡単なテーマが適しています。

議論を盛り上げるトレーニングとしてのあそび⑤

80 合わせると
2人の意見をすり合わせよう！

❶ 好きな食べ物を合わせる

今から自由に立ち歩きます。
出会った人とジャンケン。負けた人から先に好きな食べものを伝え合います。
2人で、それらを合わせた食べ物を食べることに決めてください。
早く言ったほうが勝ち。

 僕の好きなものは、オムライスです。

 私の好きなものは、カレーです。

 じゃあ、カレー味のオムライスにしよう。

❷ 代表者が勝負する

 代表でできる人はいますか？
（挙手・指名）では、CくんとDさん。

 私の好きな食べ物は、お寿司です。

 僕の好きな食べ物は、ハンバーグです。

 ハンバーグののったお寿司を食べよう。

 負けた！

 すばらしい！
2人に拍手！　話し合いをするときには、意見が分かれます。
もしも相手の意見を取り入れられるなら、
今のように中間の意見にまとめることができればいいですね。

ADVICE!　ほかのテーマとして、「飲みたい飲み物」「行ってみたい場所」などでもいいでしょう。

COLUMN 5

討論をするときのひと工夫

　討論をするとき、困ることがあります。

　それは、「だれがどっちの立場なのか分かりにくい」ということ。

　意見を発表していくうちに明らかになるので、そのまま行っても大丈夫ではありますが、次のようなひと工夫を加えてみるのもいいでしょう。

①赤白帽をかぶる

　「Aの意見は赤。Bの意見は白」というように、立場によってかぶる帽子の色を変えます。一目瞭然で、だれがどちらの立場なのかが分かります。

　「途中で意見が変わる場合は、帽子の色を変えてもいい」とすれば、さらに議論が白熱します。

②座席を対面式にする

　座席の配置を左右で対面にして、話し合います。お互いが、教室の中央を向くかたちになります。

　それぞれの立場の人数を確認し、机の数を分けます。子どもは、自分の立場のほうの座席に移動し、座ります。

③マグネットを使う

　横長に数直線を引き、左右に立場を書きます。ネームプレートを数直線上に貼り付けます。端にいくほど、主張が強いことになるのです。

　それで、自分がどちらの立場なのかを明確にします。

　自分の顔の絵を画用紙に描き、ネームプレートの代わりに使うのもいいでしょう。

　議論が終わった後、再びマグネットの位置を移動させます。話し合いにより受けた影響を可視化できるようにするのです。

Chapter

5

役割演技をする
あそび

登場人物の心情を体感できるのが
役割演技。
役割演技の技法と、授業はじめに行う
ウォーミングアップのための
あそびを紹介します。

役割演技のスキルを鍛えるあそび①

81 自由会話
役になりきり、即興で会話しよう！

❶自由に会話する

（「手品師」をもとに）男の子が、
手品師に大劇場から声がかかったことを知ったとします。
登場人物になりきり、自由に話してみましょう。
となりの人とジャンケン。勝ったほうが手品師で、負けたほうが男の子です。

 どうして来てくれたの？

 君との約束も、大事な約束なんだ。
裏切るわけにはいかないよ。

 ありがとう。うれしいよ。

 その喜んでいる顔を見るために
来たんだ。

❷代表者が話す

 では、前で代表して
やってくれる人はいますか？
（挙手・指名）

 どうして来てくれたの？

 君との約束を守らなくちゃ
いけないからね。

 僕のことなんて、別にいいのに。

 そんなことはない。
大切な、大切な約束なんだ。

ADVICE! 「となりの子とやってみる→代表の子」の流れが基本です。

役割演技のスキルを鍛えるあそび②

82 インタビュー
登場人物に質問しよう!

❶役になりきり答える

役割演技の途中でインタビューをします。
役割になりきって、質問に答えてください。
では、会話を始めましょう。

どうして来てくれたの?

君との約束も、大事な約束なんだ。

ストップ。ここでインタビューをしてみましょう。
あなたの夢見てきたことなのに、いいの?

目の前の人を喜ばせるために努力していれば、
きっとまたチャンスはやってくるはずです。

❷子どもからも質問する

みなさんの中にも、インタビューをしたい人はいますか?
(挙手・指名)

どうしてそこまでして、
男の子との約束を守るのですか?

お父さんを亡くしてしまった男の子に、
夢をもたせてあげたいのです。

ADVICE! まずは教師がインタビューをやってみせ、イメージをもたせてから、子どもに質問させるようにします。

Chapter 5　役割演技をするあそび

役割演技のスキルを鍛えるあそび ③

83 役割チェンジ
登場人物を交替しよう!

❶人物になりきり会話する

手品師の心の中の葛藤を演じてみましょう。
となりの人とジャンケンします。勝った人が「約束を守りたい手品師」、
負けた人が「大劇場へ行きたい手品師」です。
先生が「チェンジ」と言ったら、役割を交替してください。

約束は、
守らなくてはいけないよ。

でも、ずっと
憧れていた大劇場じゃないか。

それはそうだ。でも、
子どもを裏切るわけにはいかない。

いったいどうして？

❷役割を入れ替える

チェンジ。場所を移動します。
最後のセリフをお互いにまねしてスタートしてください。

それはそうだ。でも、
子どもを裏切るわけにはいかない。

いったいどうして？

だって自分が子どもだとすれば、
嘘をつくような手品師には
憧れないでしょう。

それは、そうだけど……。

ADVICE! チェンジを使用するときは、椅子を用意します。「約束を守りたい手品師」「大劇場へ行きたい手品師」の椅子というようにすることで、座る場所により立場が明らかになるようにします。

役割演技のスキルを鍛えるあそび④

84 役割追加
同じ登場人物を増やして会話しよう！

❶代表の２人が演じる

 手品師の心の中の葛藤を演じてみましょう。
１人が「約束を守りたい手品師」、
もう１人が「大劇場へ行きたい手品師」の役をします。

 約束は、守ったほうがいいよ。

 でも、大劇場で手品をすることが、夢だったじゃないか。

 でも、子どもとの約束を破ってまで叶える夢なんてない。

❷役割を増やしていく

 同じ登場人物の役割の人を増やします。
この役割を、ほかにもやってみたい人はいますか？
（挙手・指名）

 大劇場に、いつか男の子を呼んであげればいいじゃないか。
そのときには、男の子も、あのとき破った約束の意味を理解してくれるよ。

 子どもにとって、
約束とはこの瞬間のことだ。
破るのは、いけないよ。

ADVICE! １〜３人の子を追加するといいでしょう。言葉に詰まるときは、教師がどちらかについて言葉を発して、「同じようにまねして言ってごらん」と促します。

役割演技のスキルを鍛えるあそび⑤

85 ひとりごと
登場人物1人でつぶやこう！

❶ペアでひとりごとを考える

男の子が帰っていきました。
手品師は、ひとりごとをつぶやきました。
さて、どんなことを言ったのでしょうか？
となりの人と話してみましょう。

「ああ、もったいないことをした」
……とかかな？

「これでよかった。よかったんだ」
と自分に言い聞かせるんじゃないかな？

❷代表者が椅子に座る

では、前に出てやりたい人？
（挙手・指名）

「はあ……これでよかったのかな？
僕には、大劇場というチャンスがなくなってしまった。
でも、これで男の子は僕の手品で希望をもつことができたはずだ。
僕は、自分の手品で人を幸せにする。
そのために、日々努力を続けるだけだな」

（3～4名　活動後）
見ていて、気付いたことはありますか？

手品師の誠実な生き方は、
とてもステキだと思いました。

ADVICE！　「それぞれひとりごとを考える→代表者が言う」という流れで行います。

役割演技のウォーミングアップとしてのあそび①

86 はむはむほむほむ
謎の言葉で席を譲ってもらおう！

❶席を譲る合言葉を言う

となりの人とジャンケンをします。
負けた人は立ちます。
勝った人は、負けた人の席に座ります。
負けた人は「はむはむ」と言って、
席を譲ってもらいます。
勝った人は「ほむほむ」と
言って答えましょう。

はむはむ？

ほむほむ。

❷ペアであそびを始める

はむはむー！

ほむほむ！

席を譲ってもらえた人はいますか？

はい！

すごい！
言葉がなくても、伝えることは
できるものなのですね。
次は、役割を交替してやってみましょう。

ADVICE！ 数字だけで会話する「いち」「に？」や、野菜限定の「きゅうり」「かぼちゃ！」などもいいでしょう。また、テーマは、ほかに「消しゴムを貸してもらいましょう」「教科書を見せてと頼みましょう」などもあります。

Chapter 5　役割演技をするあそび　113

役割演技のウォーミングアップとしてのあそび②

87 はい、そうなんです！
言われた通りに話を続けよう！

❶アイディアにそって話を進める

1人が「昨日あった出来事」について語ります。
見ている人は「そして、そこが爆発したんですよね？」
というような、まったくありえないことを話しかけます。
それを言われた話している人は、「はい、そうなんです！」
と答えて、そのアイディアを受け入れて話を進めていきましょう。
5秒以内に答えられなかったらアウトです。
ペアの人とジャンケンをして、負けた人から話し始めましょう。

昨日、
サッカーをやりました。

そこで、
カラスがシュートを止めたんですよね。

はい、そうなんです。
カラスはとっても上手でした。

……。

……5秒！
私の勝ち！

❷代表者が行う

代表してできる人はいますか？　（挙手・指名）

昨日は塾に行きました。

そこで、
音楽を勉強したんですよね。

はい、そうなんです。
ピアノを教えてもらいました。

そこで、
昼寝をしたんですよね。

すばらしい！　2人に拍手！

ADVICE！　「あなたは○○の専門家なんですよね」というように、専門家に質問するかたちをとるのもおもしろいです。

114

役割演技のウォーミングアップとしてのあそび③

88 「あ」の百面相
いろいろな「あ」をまねしよう!

❶「あ」をまねする

班長から時計回りに1人ずつ「あ」を言います。
ほかの人は、その班長の「あ」をまねして言ってみましょう。

 あ!　　 あ!

 あ?　　 あ?

声の大きさや表情を変えて、
いろいろな「あ」を表現してみましょう。

❷全体で行う

前に出てやりたい人はいますか?
(挙手・指名) では、Aさん。

 あー!　　 あー!

 あー!?　　 あー!?

Aさんに、拍手を送りましょう。

ADVICE! 　一文字であれば、どの文字でも可能です。また、手足の動きまでつけて、大げさにできている子をほめましょう。

Chapter 5　役割演技をするあそび　115

役割演技のウォーミングアップとしてのあそび④

89 ワンボイス
声を合わせて連携プレー！

❶ 2人同時に物の名を言う

2人で1つのものを指さします。
そして、「これは○○です」と
2人同時に言います。
声がそろえばOKです。

 これは。

 鉛筆です。
やった！　そろったよ！！

❷ 立ち歩いてあそぶ

今度は立ち歩いて、
いろいろなものを指さしてやってみましょう。

 これは。　 ロッカーです。

 これは。

 筆箱です。　 ペンケースです……
あっ！

そこまで。
声をバッチリ合わせられた
ペアはありますか？

 全部合わせられました！

 すばらしいですね。

ADVICE！　腕や肩を組んでやれば、子ども同士の親密感がアップします。

役割演技のウォーミングアップとしてのあそび⑤

90 集団紙粘土
友だちの体を動かして、作品に仕上げよう！

❶友だちを紙粘土に見立てる

班の 4 人でジャンケンをします。
勝った 2 人は芸術家、負けた 2 人は紙粘土です。
芸術家は、紙粘土の人たちの手足を動かして作品を作りましょう。
テーマは「ボクシング」です。始め。

パンチをしている瞬間だから……。

こっち側はガードさせよう！

パンチをしている瞬間だから……
こっち側はガードさせよう！

❷作品の見せ合いをする

はい、そこまで。
みんなで、作品を見せ合いましょう。

わあ、すごい瞬間だな！

この作品は、迫力があるなあ！

では、次、交替します。
勝った人たちが紙粘土で、
負けた人たちが芸術家です。

よ〜し、
かっこいい作品にするぞ！

すごい！

ADVICE！ 作品のテーマは、ほかに「テニス」「卓球」「さつまいも掘り」「もちつき大会」などがあります。

役割演技のウォーミングアップとしてのあそび⑥

91 場所当てっこ
どこの場所なのかを当てよう！

❶場所を表現する

 先生が、ある場所を動きでやってみせます。
どこなのか、当ててみましょう。
ザバー。

 ……？

 バシャー。

 あ、お風呂！

 正解！

❷問題を出し合う

 班の人と問題を出し合ってみましょう。

 トントン……。   なんだろう？

 ジュージュー。   台所？

 正解！

ADVICE！ 場所には、ほかに次のような所が考えられます。先にいくつかの場所を挙げておくと、ジェスチャーの参考になります。
（例）図書館、おばけやしき、病院、レントゲン室、交番、プール、サーカス、エレベーター、コンビニエンスストア、喫茶店、レストラン、郵便局、映画館、牢屋、山、川、海、キャンプ場、ジャングル、無人島

118

役割演技のウォーミングアップとしてのあそび⑦

92 職業ジェスチャー
何の職業なのかを当てよう！

❶職業を表現する

先生がある仕事を表現します。
みなさんは、それが何なのかを当ててください。
トントン……。カンカンカン！

お寿司屋さん？　ブー。

大工さん？　正解！

❷問題を出し合う

となりの人と問題を出し合いましょう。
ジャンケンで勝った人が問題を出します。始め。

ブーン……。　……？

キキーッ。
お客さん、どちらまで？　タクシー運転手さん！

正解！

前に出て、みんなに問題を
出したい人はいますか？

はい！

ADVICE! 2〜3回ほどやるといいでしょう。また、ほかにも次のような職業があります。
（例）すし職人、消防士、魚屋、八百屋、ガードマン、花屋、カメラマン、美容師、お坊さん、記者、パイロット、キャビン・アテンダント、木こり、農家、ホテルマン、引っ越し屋、発明家

Chapter 5　役割演技をするあそび　119

役割演技のウォーミングアップとしてのあそび⑧

93 旅行ガイド
旅行ガイドさんになりきろう！

❶ガイドになって案内する

班の中の1人が、ガイドになります。
ガイドさんは、ジャングルの中を連れ回し、ゴールまで到着したら、
「こちらがゴールでございます」と言ってください。
ほかの人が次のガイドをやります。

それでは行きましょう。
こちらは、ジャングルの入り口でございます。

へえ。

そちらは崖ですので、
お気を付けくださいね。

ええっ。

❷ゴールにたどり着く

丘を越えれば、目的地です。

よいしょ、よいしょ。

こちらがゴールでございます。

やったね！

次は僕がガイドになるよ。

ADVICE！ ジャングル以外にも、次のような設定があります。
（例）ピラミッドの中、遺跡の中、洞窟の中、夜の博物館、恐竜の世界、新しい大陸、鯨の腹の中、月面、砂漠

役割演技のウォーミングアップとしてのあそび⑨

94 カウンセラー
悩み相談をしてあげよう！

❶カウンセラーになり、話を聞く

カウンセラーになります。
カウンセラーというのは、悩み相談を受ける人です。
カウンセラーは、「今日は、何の悩みですか？」と尋ね、会話を始めましょう。
となりの人とジャンケンをします。
勝った人はカウンセラーになり、負けた人は相談者になります。

今日は、何の悩みですか？

歯が抜けそうで、抜けないんです。

それはお困りですね。
おすすめの方法を紹介しましょう。

教えてください。
どんなやり方ですか？

❷代表者がカウンセラーになる

では、代表してカウンセラーと相談者になりきりたい人はいますか？
（挙手・指名）

今日は、何の悩みですか？

お母さんとケンカして、
困っているんです。

それはたいへんですね。
ケンカの原因は何ですか？

僕が宿題をやらなくて、
お母さんが怒り出すんです。

ADVICE！ 「お小遣いが少ないんです」「宿題が終わらないんです」など、悩みの例を紹介するといいでしょう。

Chapter 5　役割演技をするあそび　121

役割演技のウォーミングアップとしてのあそび⑩

95 社長、たいへんなことになりました！
社長になって、ドーンと答えよう！

❶ペアで社長と社員になりきる

となりの人とジャンケンをします。
勝った人は社長になり、負けた人は社員になります。
まず、社員が、「社長、たいへんなことになりました！」と言い、
たいへんなことを話します。
その後、社長が、「大丈夫。〜〜しよう！」で返し、
社員が「さすが社長！」で締めくくります。

 社長、たいへんなことになりました！

 どうした？

 チョコレートを1000枚、注文してしまいました！

 大丈夫。せっかくだから、近所の子どもたちに配ってあげよう！

 さすが社長！

❷代表者が社長と社員になる

 では、代表の人が社長と社員になりきります。

 社長、たいへんなことになりました！

 どうした？

 会社に猫が迷いこんできました！

 大丈夫。招き猫として会社で飼おう！

 さすが社長！

ADVICE！ 発展系として、「社長、やりました！」にして、「いや、気を付けろ。〜〜かもしれないぞ」とたしなめる流れにするのもいいでしょう。

122

役割演技のウォーミングアップとしてのあそび⑪

96 総合案内所
パッと考えて道案内をしよう！

❶班で案内あそびをする

 ここは、デパートの総合案内所です。
案内係の人は「どちらへ行かれますか？」と尋ねます。
お客さんは、想像で道順を答えます。班の人とジャンケンをします。
勝った1人は案内係になり、負けた人たちはお客さんになります。始め。

 いらっしゃいませ。
どちらへ行かれますか？

 竜宮城へ行きたいのですが？

 階段を下りて、右手にございます。

 川へ行きたいのですが？

 体育館の横にございます。

❷代表者が案内係になる

 では、代表して案内係をやりたい人はいますか？
（挙手・指名）

 富士山に行きたいのですが？

 階段を下りて、右手にございます。

 雲の上に行きたいのですが？

 屋上でジャンプしてみてください。

ADVICE! できるだけ即興的に考えさせるのがポイントです。

役割演技のウォーミングアップとしてのあそび⑫

97 会話チェンジ
相手の立場になってしゃべろう！

❶となりの人と会話

となりの人と会話をします。先生が「チェンジ！」と言ったら、座席を変わります。相手の立場になってしゃべります。もう一度「チェンジ！」と言われたら、元の場所に戻ります。ジャンケンで勝った人から「昨日、帰ってから何してた？」と会話を始めましょう。

昨日、帰ってから何してた？

塾に行ったよ。

塾に行って何の勉強をしていたの？

理科だよ。

昨日、帰ってから何してた？

塾に行ったよ

❷何度も立場を変える

チェンジ！
座席を入れ替わりましょう。

塾でがんばっているんだね。

そうでもないよ。

チェンジ！

ADVICE！ 話のはじめは、「今日の授業どう思った？」「最近、好きな音楽とかある？」「好きな教科は何？」などがいいでしょう。また、役割演技のスキル「役割チェンジ」（あそび❽❸）のウォーミングアップとしても最適です。

役割演技のウォーミングアップとしてのあそび⑬

98 ナイフとフォーク
心を合わせて演じ分けよう！

❶ 2つのものを演じ分ける

先生が2つの物の名前を言います。
言われた物になりきりましょう。
どちらがどちらを演じるのかは、2人で決めてください。
ただし、相談してはいけません。
ナイフとフォーク！

え〜っと、はい！

あっ、はい！

❷ 次々にお題を出す

おなべとフタ！

よいしょ！

えい！

うまく演じることができましたか？

相手に合わせて動くと、
うまく演じることができました！

ADVICE! ほかにも、次のようなお題でやるといいでしょう。
（例）「マッチと火」「箸と箸置き」「パソコンとマウス」「靴と靴下」「チョークと黒板消し」「親犬と子犬」「ライオンとアリ」「森とナメクジ」「鉛筆と消しゴム」

Chapter 5　役割演技をするあそび　125

役割演技のウォーミングアップとしてのあそび⑭

99 リモコン
テレビ番組を演じよう！

❶テレビ番組を演じる

クラス全員でテレビの１シーンを表現してみましょう。
見ている人は「オン」と言いながら、リモコンを上げます。
すると、テレビが始まります。
「オフ」と言いながら、リモコンを下げると終了です。
テーマは「ドラえもん」にしましょう。では、先生のリモコンで、始め。

 ドラえもーん！

 のび太くん！

❷代表者が前に立つ

 前でテレビを見てみたい人？　（挙手・指名）
では、やってみましょう。

 オン！　ニュース番組。

 今日のニュースです。

 台風がやってきましたね。

 オフ！

ADVICE！　リモコンは、教室にあるテレビのリモコンを使用しましょう。あらかじめ、いくつかのテレビ番組のジャンルを伝えておきましょう。ジャンルには、次のようなものがあります。
（例）ホラー、ミステリー、歌舞伎、落語、教育番組、ニュース、アクション映画、昔話、クイズ番組、時代劇、スポーツ番組

役割演技のウォーミングアップとしてのあそび⑮

100 ブラインドポーズ
目をつぶって、指示通りに動こう！

❶指示された動きをする

言われた行動を、目を閉じてやりましょう。
全員起立！
右手を上に伸ばしましょう。
左手をまっすぐ前へ伸ばしましょう。
そのまま左を向きましょう。

右手を上に伸ばしましょう！
左手をまっすぐ前へ伸ばしましょう

❷目を開ける

全員、目を開けて！
同じポーズになっているかな？

わ、できてた！

間違っちゃった～。

正解できた人？
（挙手・確認）
では、もう一度やりましょう。

今度は間違えないぞ！

目を開けて！　できてた！　間違っちゃった～

ADVICE！ 子どもに指示をさせると、さらに楽しむことができます。また、動作は、「手を頭に当てる」「首を右に傾ける」「左手を腰に当てる」「右手だけ前へならえ」「左手は前に出してピースサイン」などがあります。

Chapter 5　役割演技をするあそび　127

役割演技のウォーミングアップとしてのあそび⑯

101 感情リーダー
みんなの感情を操るリーダーはだれだ？

❶リーダーの感情をまねする

人の感情には、どのようなものがありますか？

 悲しい。 楽しい。

 うれしい。 気持ちいい。

いろいろありますね。では、1人がオニになり、外へ出ます。
そのほかの人の中で、1人がリーダーになります。
リーダーが、ある感情を表しますので、ほかの人は、それをまねしましょう。
オニの人は、そのリーダーがだれなのかを当ててください。

 ムカムカ！   ムカムカ！

 う〜ん、だれだろう……？

❷オニがリーダーを当てる

 分かったら言いましょう。
チャンスは2回まで。

 分かった！　Aさん？

 正解！　すばらしい。
次にオニをやりたい人はいますか？

ADVICE！　リーダー以外の子どもが早めに感情を表現できるとバレにくくなります。目線をリーダーのほうに向けずにまねをすることが大切です。

Column 6

役割演技の注意点

役割演技は、ほかの教科の授業では、あまり見られない授業スタイルです。

次のようなことに気を付けながら実施するようにしましょう。

①笑いに走らないようにする

役割演技は、その場で考えて動きます。

びっくりするくらい簡単に笑いが起こります。しかしそうなると、子どもたちの中には、笑いを起こそうと躍起になる子が出てきます。

役割演技は、登場人物の生き方を実感し、その後の自分自身の生き方へと生かすためにやっているのです。あからさまに笑いをとろうとする場合は、一言冷静にとがめるようにしましょう。

②必要であれば「終わりのゲーム」を

感受性の強い子どもによっては、役割から抜けきれないときがあります。特に、もとから体験してみたい役割だった場合などは、いつまでも引きずり続けることもあります。

そういうときは、ウォーミングアップのあそびのいずれかを行います。

体と心をあたためつつ、徐々に現実へと戻していくようにしましょう。

③教師の代弁

子どもによっては、役割を演じているとき、何と言えばいいか分からなくなり、止まってしまう子がいます。そういう場合は、教師がその子の側に立って代弁してあげるといいでしょう。はじめの一言が話せれば、その後に言葉を続けやすくなります。

教師には、見本を見せるための演技力が必要となります。体をはり、大きく演じましょう。

Chapter 5　役割演技をするあそび　　**129**

巻末資料

●「手品師」のあらすじ

あるところに、腕はいいが、あまり売れない手品師がいました。

彼は、いつか大きな劇場で手品をすることを夢見ていましたが、貧乏で、その日のパンを買うのもやっとのことでした。

そんなある日、父親を亡くし、母親は働きに出てずっと帰ってこない男の子に出会います。

手品師は、その男の子に手品をして見せます。男の子はとても喜び、手品師は、明日もここに来て、手品を見せることを約束します。

その日の夜、手品師に友人から電話がきます。

明日、大劇場で手品をやる手品師が急病で倒れたため、急遽、大劇場で手品をするチャンスがあるから、今すぐ出発して来てほしいと言うのです。

手品師は、男の子との約束と出世のチャンスを交互に考え、結局、友人の誘いを断りました。

次の日、手品師は、たった1人のお客さんのために、手品をして見せました。

●「モラルジレンマ学習」のテーマ例

・ 友だちがケガをした。廊下は歩くべき？　それとも走るべき？
・ 興味のない話題に付き合うべき？　離れるべき？
・ 何もしていないのに、突然後ろから友だちにたたかれた。やり返すべき？　我慢するべき？
・ 元気そうなおばあさんが、電車で立っている。席を譲るべき？　譲らないでおくべき？
・ お金がなくて、妹が餓えて死にそうだ。目の前にパン屋がある。パンを盗むべき？　盗まないでおくべき？

おわりに

　役割演技は、ルーマニア生まれの精神科医ヤコブ・モレノが提案した精神療法「心理劇（サイコドラマ）」から派生したものです。

　私は、カウンセリングの手法として、心理劇を研究していました。その技術を活用し、道徳科の授業で役割演技などの体験的な学習を取り入れるようにしてきました。

　体験的な学習は、読みもの教材とは比べものにならないほどに、子どもへ強い影響をあたえるものでした。あたたかい場面を演じれば、あたたかくなります。怒りの場面を演じれば、怒りがこみあげてきます。子どもたちも、実感をもちながら学習を進めることができていました。

　それも、そのはずです。役割演技のはじまりが、大人を対象とする精神療法だからです。大人の心にも影響をあたえるのですから、柔軟な発想をもつ子どもには、相当な影響をあたえるものだといえるでしょう。

　しかし、だからこそ、役割演技の扱い方には苦戦を強いられました。はたらきかけを間違えれば、誤った学習をしてしまうおそれもあるからです。できるだけ安全な範囲で実践できるアクティビティを考案しようと心がけてきました。

　2020年の学習指導要領の改訂により、「体験的な学習」が重視されることになりました。そこで、これまでの実践を「道徳あそび」として1冊にまとめることにしました。

　道徳科の授業の目標は「道徳性」を養うことにあります。これは、簡単なことではありません。大人である私たちですら、道徳性があるかどうかを問われると、疑わしいところでしょう。

　ただ、よりよい生き方を求めることはできます。

　道徳科の授業を行いながら、子どもとともに、よりよく生きるとは何かを探求していけるなら、それはステキなことなのではないでしょうか。

　その手立てとして、本書が活用されれば幸いです。

　子どもたちが、それぞれの自分らしさを発揮しつつ、よりよい自分の人生と社会を創ろうと考えられるような、そんな道徳科の授業をつくっていきたいですね。

　2019年3月

三好真史

著者紹介

三好真史（みよし しんじ）
1986年大阪府生まれ。
大阪教育大学教育学部卒業。
堺市立小学校教諭。
メンタル心理カウンセラー。
心を育てる教育サークル「大阪ふくえくぼ」代表。
著書に『子どもが変わる3分間ストーリー』（フォーラム・A）、『子どもがつながる！ クラスがまとまる！ 学級あそび101』（学陽書房）など。

意見が飛び交う！　体験から学べる！
道徳あそび101

2019年 3月22日	初版発行
2024年 3月 1日	8刷発行

著者	三好真史
装幀	スタジオダンク
本文デザイン・DTP制作	スタジオトラミーケ
イラスト	榎本はいほ
発行者	佐久間重嘉
発行所	株式会社 学陽書房

東京都千代田区飯田橋 1-9-3　〒102-0072
営業部　TEL03-3261-1111　FAX03-5211-3300
編集部　TEL03-3261-1112　FAX03-5211-3301
http://www.gakuyo.co.jp/

印刷	加藤文明社
製本	東京美術紙工

©Shinji Miyoshi 2019, Printed in Japan
ISBN978-4-313-65371-9　C0037

乱丁・落丁本は、送料小社負担にてお取り替えいたします。
定価はカバーに表示してあります。

JCOPY ＜出版者著作権管理機構 委託出版物＞
本書の無断複製は著作権法上での例外を除き禁じられています。複製される場合は、そのつど事前に、出版者著作権管理機構（電話03-5244-5088、FAX 03-5244-5089、e-mail: info@jcopy.or.jp）の許諾を得てください。